Andreas Steffens

—

Heimkehr in die Fremde

**Andreas Steffens**, 1957 geboren in Wuppertal; Philosoph und Schriftsteller; Studium in Düsseldorf und Münster; 1990–2002 Zweitwohnsitz in Paris; 1995–2005 Privatdozent für Philosophie an der Universität Kassel; seitdem freier Autor. Grenzgänger zwischen Philosophie, Literatur und Bildender Kunst. Zahlreiche Bücher, Abhandlungen, Essays und Vorträge mit den Schwerpunkten Anthropologie und Ästhetik in der Perspektive einer *Ontoanthropologie* (2010). Zuletzt erschienen: *Das Wesen, das nicht eines ist* (2020), *Auf Umwegen. Nach Hans Blumenberg denken* (2021), *Landgänge: Mensch und Meer* (2023).

Bei Königshausen & Neumann erschienen: *Aufgehoben. Aphorismen* (2021), *Das Verhängnis Identität oder Der Zwang, etwas zu sein* (2022), *Materien des Denkens: Nach Beuys* (2023); *Farbgedacht: Der Maler Frank Hinrichs* (2024).

**Claudia Scheer van Erp**, 1970 geboren in Wuppertal; nach dem Studium des Kommunikationsdesigns an der Bergischen Universität Wuppertal freie Fotografin in den Bereichen Reportage, Mode und Portrait; Übersiedlung nach Brasilien; 2012 Rückkehr nach Deutschland. In ihrer künstlerischen Arbeit widmet sie sich einer multimedialen Erweiterung von Fotografie zu Bild-Objekten. 2013 erschien die Dokumentation der Entstehung des Films *Inside King Ping*.

Andreas Steffens

# Heimkehr in die Fremde

## Pariser Ankünfte

Mit Fotografien von
Claudia Scheer van Erp
*More than ten steps*

Königshausen & Neumann

Umschlagabbildung:

Claudia Scheer van Erp
"One more sunrise"
Fotografie
Aus der Serie "More than ten steps", Paris, Juli 2023

*Bibliografische Information der Deutschen Nationalbibliothek*

Die Deutsche Nationalbibliothek verzeichnet diese Publikation in der Deutschen Nationalbibliografie; detaillierte bibliografische Daten sind im Internet über http://dnb.d-nb.de abrufbar.


Gedruckt auf säurefreiem, alterungsbeständigem Papier
Umschlag: skh-softics / coverart


Printed in Germany

ISBN 978-3-8260-8571-0
eISBN 978-3-8260-8572-7

www.koenigshausen-neumann.de
www.ebook.de
www.buchhandel.de
www.buchkatalog.de

*Lieber ein Bettler in Paris als ein Millionär in New York!*

Henry Miller

*Mir vermischt sich immerfort Paris mit der Welt.*

Witold Gombrowicz

*Du denk mit mir: der Himmel von Paris, die große Herbstzeitlose...*

Paul Celan

*Kaum hat man die Stadt betreten, so ist man beschenkt.*
*Vergeblich der Vorsatz, nichts über sie niederzuschreiben.*

Walter Benjamin

*Eigentlich betrachte ich jedes Jahr als verloren, in dem ich nicht dorthin gelange.*

Theodor W. Adorno

# Inhalt

**1** *One more sunrise*

# Zuvor

## *Glücklich enttäuscht*

*Man glaubt, wenn man hingeht, so wäre man in dem Erfüllten, als ob es wäre. Ist man wirklich dort, so weicht das Versprochene zurück wie der Regenbogen. Dennoch ist man nicht enttäuscht; eher fühlt man, nun wäre man zu nah, und darum sähe man es nicht.*

Theodor W. Adorno, *Negative Dialektik*

Keine Genugtuung ohne Ernüchterung. In die Freude über das Erreichte mischt sich unabweisbar Enttäuschung. Ein erreichtes Ziel ist ein Verlust: es wird einen zu nichts mehr bewegen können. Außer dazu, sich ein neues zu suchen.

Das erfährt auf eigentümliche Weise, wer reist. Anzukommen, will gelernt sein. Es ist eine Kunst, und braucht wie jede Übung. Aufzubrechen, bedarf es oft nur eines geringsten Anlasses. Sich aufzumachen, fällt leicht. Schließlich dort zu sein, wohin man aufbrach, kann mühsam werden.

Umso stärker, desto erwünschter die Ankunft, desto verlockender und ersehnter der Ort, an den es einen zieht. Das Glück, anzukommen, wird auf die Probe gestellt, da zu sein. Eingetroffen, ist man noch nicht angekommen.

Wenige Ziele haben solche Magie der Anziehung geübt wie Paris; dabei macht keine Stadt es einem schwerer, dort zu sein.

*Da war ich nun also, an diesem Ort ohnegleichen, voller Erwartungen, ziemlich ahnungslos. Fest davon durchdrungen, dass ich hier Möglichkeiten […] finden würde wie nirgendwo sonst auf der Welt* (Nicolaus Sombart, *Lehrzeit*, 32).

Während New York gleich abweisend ist, scheint Paris einzuladen. Wo sonst gibt es so viele Cafés, Bars und Restaurants auf allen Wegen, Hotels und Pensionen, wo so viele Stühle und Bänke in Parks und auf Plätzen, sich niederzulassen? Aber es scheint nur so. Auf den, der seinen Zielort erreichte, wartet hier die Probe, auf die jeder gestellt wird, dem sich ein Wunsch erfüllte: sich ihm gewachsen zu zeigen.

*Ich habe oft von der Verzauberung sprechen hören, welche die Fremden bei der Ankunft in Paris umfängt*, erinnert Ambroise Vollard sich ein halbes Jahrhundert später, währenddessen er zu einem der bedeutendsten Kunsthändler seiner Zeit geworden ist, an seine eigene im Jahr 1890. *Als ich hingegen, nach zweijährigem Rechtsstudium in Montpellier, an einem Herbstabend auf der Gare de Lyon dem Zug entstieg, empfing mich Paris recht unfreundlich mit einem feinen, durchdringenden Regen. Meine Droschke befand sich bald in einem furchtbaren Gedränge von Wagen, deren Kutscher einander mit den gröbsten Schimpfworten überhäuften. Als wir aus dem Wirrwarr draußen waren, landete ich im Quartier Latin. In einem kleinen Hotel, das mir empfohlen worden war, verbrachte ich, zitternd vor Kälte, die Nacht ohne Feuer. Aber ich war in Paris! Paris, du Zauberwort, das mich von Anfang an mit dem glühenden Willen beseelte, alles zu bewundern! Mein Hotel lag in der Rue Toullier, ganz nahe dem Luxembourg-Garten. Dorthin lenkte ich gleich am nächsten Morgen meine ersten Schritte. Ich wurde enttäuscht; alles war zwar viel größer aber auch viel weniger intim als der ›Garten des Königs‹ auf meiner Heimatinsel. Erst später begriff ich die wundervolle Anlage. Natürlich besuchte ich auch die Museen, aber nachdem ich eine Stunde durch die endlosen Säle gewandert war, blieb mir nichts als das Gefühl großer Langeweile* (Vollard, 25).

Am besten, man kommt ohne Erwartungen. Und beherzigt die Warnung, die Djuna Barnes im Gepäck hatte, als sie nach der Schiffspassage von Rouen aus eintraf, sie solle sich *keinerlei Hoffnung machen, den Franzosen so kennenzulernen, wie er lebt, es sei denn, ich bewerkstelligte jene heikelste aller internationalen Beziehungen – den Fremden jenseits der Schwelle.* Sie hat sich gewappnet. Mit Sarkasmus, Ironie und jener Blasiertheit, die man Franzosen nachsagt. *Gare St. Lazare! Eine fremde Zunge, aber keine Blumenstände, nur ein Schuhputzsalon; und durch Abwesenheit glänzende Sodawasser- und Kaugummiautomaten.* Trotzdem trifft sie der Schock der Fremdheit. *Und dann die Straße. »Das also ist Paris!« Dann setzt das Zittern ein. Man gefriert innerlich. Zum erstenmal wird einem klar, was man getan hat. »Großer Gott, was habe ich getan!«, und dann unmittelbar darauf: »Großer Gott, wie mache ich das bloß!«* (Barnes, »Vagaries Malicieuse«, 24; 14).

Wer nach Paris kam, soll nicht meinen, schon angekommen zu sein. Sich vielmehr darauf gefasst machen, vielleicht nie wirklich anzukommen. Paris empfängt einen nicht.

*»Glauben Sie mir, es wird nicht besser, je länger man hier bleibt. Es gelingt einem nicht, wirklich irgendwo einzudringen. Je länger man bleibt, desto stärker empfindet man das Gefühl, nicht dazuzugehören. Dafür spürt man den Staub und die Abgase der Stadt mit der Zeit stärker in der Lunge«* (Undine Gruenter, *Nachtblind*, 99).

Ist man erst einmal dort, vergeht der Reiz der Erwartungen schnell. *Der Ankömmling ist verwirrt, er möchte begeistert sein und sieht sich, wie er meint, im Babel der kleinen Gemüsehändler; er ist enttäuscht und sinkt, wie auf das Haupt geschlagen, gegen die von vielen Körpern ausgebuchtete Lehne des Taxis zurück* (Wolfgang Koeppen, *Reisen nach Frankreich*, 112). Ernüchterung stellt sich ein, die sich bis zum Fluchtimpuls steigern kann. *Ich hatte das Gefühl, Paris braucht mich nicht, ich muß ernsthaft die Rückkehr nach Kalifornien ins Auge fassen* (Etel Adnan, *Paris, Paris*, 12).

Waren die Erwartungen groß, kann die Enttäuschung sich zum Verdacht endgültiger Sinnlosigkeit des eigenen Lebens steigern, als könne es nur hier seine Bewährung und Erfüllung finden. Als wäre Paris das Leben selbst. *»Soll ich denn eine Fremde im Leben bleiben? Fremd, wie wir es hier in Paris sind. Alle die Künstler, Kenner und schönen Frauen hier, die mich verwöhnen und so zu mir und von mir reden, daß ich mir selbst wunderbar bin, haben mir eine trügerische Hoffnung gemacht, es könnte sich noch etwas Großes und Herrliches mit mir begeben. Und nachher werde ich abreisen und es ist nichts geschehen; ich war eine Zeitlang in einer schönen Stadt zu Besuch«*. Die Antwort, die Franz Hessel dieser Klagenden vom Erzähler seiner *Pariser Romanze* geben lässt, ist so weise, so verzichtsbereit lebensklug, dass sie als Rat für die wenigsten taugt. *»Es gibt nichts Vollkommeneres, Lotte, als das bloße Dasein, es kann nichts Besseres geben. Und lassen Sie uns doch Fremde in Paris sein. Ich bin schon vier Jahre hier und bleibe ein Fremder«*, und ist es heiter zufrieden. Das lässt sich nicht lernen. So muss man sein, wie der Autor es gewesen ist. *Bin ich nicht gern ein Fremder? Bei allem, was ich sehe, zu Gast? Ich bin ja nicht befremdet. O nein, die nasse Hand über der ersten Zinkplatte, die meine Sous für den ersten Café auflangte, war mir schon vertraut*, erinnert er sich an seine erste Pariser Vorkriegszeit. *Du kannst wunderbar allein sein zwischen Bett und Fenster, und doch ist die Stadt mit in deiner Stube. (...). Im Glas des Spiegels an deinem Schrank oder über deinem Kamin ist aller Glanz der spiegelreichen Stadt: Welt genug. Tausend ferne Geräusche bauen Stille um dich her. Wie in einer Kajüte schwimmst du geborgen mitten im Ozean* (»Vorschule des Journalismus«, 100f. ;107f. – 1981: 64; 69).

Paris ist immer anders. Je größer die Erwartung war, desto schmerzlicher wird die Enttäuschung sein. *Paris verwirrt, macht ratlos. Ich bin, wenn ich ›Paris‹ denke, zwischen Abscheu, Zuneigung, Liebe hin- und hergerissen. Wenn ich alles in allem nehme, erscheint mir der höhnisch grinsende Satan oben auf der Turmbrüstung von Notre-Dame das wahre Symbol für die Stadt zu sein* (Lothar-Günther Buchheim, *Mein Paris*, 289). Aber in den Erinnerungen, die damit schließen, steht auch: *und fühlte mich gleich zu Hause* (Bildteil, unpaginiert). Nirgendwo ist noch Abweisung so anziehend, wie hier.

Eine Begrüßung darf der Neuankömmling nicht erwarten. Es wäre denn, er kommt nicht zum ersten Mal, und einer erinnert sich in ›seinem‹ Quartier an ihn, wie *der alte Kassenvorstand meiner Wechselstube* an Walter Benjamin, der ihn *nach langem Fernsein empfing: »Vous avez été un moment absent«* (»Pariser Tagebuch«, 568). Denn man lebt nicht in Paris; man lebt in einem Stadtteil.

Wie keine andere Weltstadt hat Paris jedoch immer wieder auch die Erfahrung bereitet, die sich am besten mit dem Paradox einer Heimatlichkeit der Fremde benennen lässt.

Sie wird jedoch nur dem zuteil, der es nicht darauf anlegt, heimisch zu werden, sondern sein Genügen daran findet, da zu sein. Dem, den die Einsamkeit nicht abschreckt, die ihn erwartet. Unvermutet dennoch angekommen gewesen zu sein, wird der Schmerz offenbaren, den es bereitet, die Stadt wieder verlassen zu müssen.

Sie ist nicht spröde, ihre Reize trägt sie offen, und viele tappen in die Falle, als bräuchte man nur die Hände auszustrecken, um zu erlangen, was sich einem zeigt. So wenig Paris sich verbirgt, so wenig aber gibt es sich her. Es will mit Langmut und Hartnäckigkeit erworben werden. Wohl wird sich hier auf Anhieb nur fühlen können, wer woanders lernte, was es ihm lange abverlangt, einsam sein zu können.

Wem es aber gelingt, sich zu behaupten und aufgenommen zu werden, der hat erfahren, was es bedeutet, die größte aller Aufgaben, die sich dem Menschenleben stellen, zu erfüllen, die Weltfremde in mögliche Heimat zu verwandeln.

Wie es dem Maler und Bildhauer Joseph Constantinovsky geschah. 1892 in Jaffa in Palästina am 14. Juli, dem französischen Nationalfeiertag, geboren, kam er 1923 aus Tel Aviv, wohin er aus Odessa, wo er die Kunstakademie besuchte, nach den Pogromen von 1919 geflohen war, nach Paris. So sehr er schon bald zur Künstlerszene von Montparnasse gehörte, seit er 1927 das erste Mal im Salon des Indépendants ausstellen konnte, so prekär war seine Existenz, was ihn mit den meisten Avantgardisten der Zeit verband, die zu einem unfreiwilligen Leben als Bohémiens gezwungen waren, das er 1947 unter dem Schriftstellerpseudonym Michel Matveev in seinem autobiografischen Roman *Das Viertel der Maler* beschrieb. Als Autor war es ihm gelungen, die schlimmste Not zu lindern.

*»Bist du für diese Arbeit, für diese Einsamkeit nach Paris gekommen?«*, fragt der Erzähler sich im Selbstgespräch.

*Dann, ruhiger:*

*»Alles hat doch seinen Nutzen, alles dient zu irgendwas.«*

*Dann sah es für mich so aus, als hätte ich ein langes und ruhiges Leben und würde mit der Zeit ein richtiger Maler werden. Ich versöhnte mich mit mir selbst.«* (Matveev, *Viertel*, 38).

Schwermütig ohne Verbitterung (a.a.O., 74), nimmt er seine Lage an. Und ihm gelingt das Seltenste, die Selbstverwandlung. *Ich wiederholte es mir und konnte mich schließlich überzeugen: »Man darf nie vor der Trostlosigkeit flüchten, sie täuschen, man muß mit ihr ausharren, zu Hause, von Angesicht zu Angesicht mit ihr wie mit einem kranken Verwandten. Seinen Unmut, seinen Schmerz annehmen.«*

*Jedenfalls, eines Morgens, wie es eben kommt, bin ich vollkommen verändert aufgewacht. An diesem verregneten Morgen im März war ein Sprung vonstatten gegangen. Meine eisige*

*Kammer, die in die Kälte der Straße ragte, wurde warm wie ein Treibhaus* (a.a.O., 73).

Sich von keiner Widrigkeit abschrecken lassend, sollte sich für ihn das Motiv, das die meisten Künstler bewegte, die es in die französische Metropole trieb, seit Paris zur ›Hauptstadt des 19. Jahrhunderts‹ geworden war, erfüllen, dort zu finden, dessen es bedarf, ganz zu sich zu kommen.

Davor aber steht die Selbstbefremdung. Die Chance auf Selbstbestätigung hat nur, wer sich ihr stellt. Dann kann die Verwirrung der ersten Ernüchterung sich in existentielle Selbsterkundung verwandeln, an deren Ende einen ein gefestigtes Ich erwartet. *Warum liebe ich diese düstere Stadt, warum schenke ich ihren Straßen mein Leben, verbringe es in ihren Restaurants, lasse es unter dem Druck ihrer Melancholie brechen – warum? Sollte ich mich selbst kennenlernen, um zu wissen, warum Paris eine so zentrale Rolle spielt in meinem Leben, oder sollte ich diese Stadt noch besser kennenlernen, um wenigstens einige wesentliche Dinge über mich zu erfahren?* (Adnan, a.a.O., 77f.). Hier lernt man, sich noch nicht wirklich gekannt zu haben.

Das Übermaß an Reizen, an Lockungen, Möglichkeiten und Angeboten welcher Art auch immer, mit dem die Stadt einen auf Schritt und Tritt umfängt, zwingt dazu, Farbe zu bekennen. Überwältigend vielfältig, fühlt man sich ständig aufgefordert, zu urteilen. So kann die Harmlosigkeit eines Spaziergangs, das Vergnügen ziellosen Flanierens, sich in den Ernst einer Selbsterfahrung verwandeln. Wie auf der ›Kunstwanderung‹, die Georg Stefan Troller denen empfahl, die den Spuren seines *Pariser Journals* folgen mochten. *Nach zwei Stunden werden Sie nicht nur wissen, was es Neues gibt auf dem Pariser Kunstmarkt, sondern Sie haben vielleicht noch etwas anderes entdeckt: was Ihr eigener Geschmack ist, was Sie unbewußt als schön empfinden, mit anderen Worten, was Sie s i n d! Der zweite Schritt ist dann, es bewußt zu wissen. Und der dritte:*

*dazu zu stehen. Das möchte ich haben, aus dem und dem Grunde, und nur das … heißt doch wohl: Das bin ich. Manche Leute, nicht wahr, verbringen ihr Leben ohne es zu wissen. Nur Paris konfrontiert einen so schnell mit sich selber* (11).

Stellt man sich den Erschütterungen durch den *Ort der Verdammnis*, als welchen Rilke Paris gegen Ende seines ersten Aufenthaltes einer seiner Briefpartnerinnen bezeichnet (Heller, »Rilke in Paris«, 129), kann die Stadt zur Beförderin der Selbsterkenntnis werden, aus der das Ich, das sie in Frage stellt, gestärkt hervorgeht.

Nur dem, der als unbeirrbar schon gefestigte Person herkommt, schenkt sie auf Anhieb, was ihm entspricht. *Nachmittags bei Poupet in der Rue Garancière. In diesen Gassen um St. Sulpice mit ihren Antiquariaten, Buchhandlungen und alten Manufakturen fühle ich mich so heimisch, als ob ich schon fünfhundert Jahre in ihnen gelebt hätte (Ernst Jünger, Strahlungen*, Eintrag vom 7. Januar 1942).

Oder lässt ihn ganz unberührt. Wie Thomas Mann. Anfang 1926 begibt er sich auf Einladung der Carnegie-Stiftung in die Hauptstadt des Erzfeindes. Er reist, wie er schreibt, umständlich, in Etappen, das Ziel aufschiebend wie den Punkt am Ende seiner langen Perioden. *Aus dem Münchener Arbeitszimmer und Isarufergehölz nicht unvermittelt in die Pariser Aktion. Man muß einen Anlauf schaffen, sich in Gang setzen, das Reden wieder lernen, sich geläufig machen* (*Pariser Rechenschaft*, 10).

Nach Stationen in Köln, Marburg und Mainz kommt er mit der *Gefährtin* am frühen Morgen des 20. Januars an. *Gare de l'est. Leichte Behandlung des großen Gepäckstücks durch die Douane und lange Autofahrt durch die noch nächtige, halb erwachte Stadt*. Sie bringt ersten Missklang, denn der Taxifahrer übervorteilt die müden Ortsunkundigen.

Die Residenz, die sie erwartet, eine der nobelsten der Stadt, entspricht ihren Ansprüchen nicht. Es fehlt ein den

Großbürgern unentbehrliches Einrichtungsstück. *Hotel Palais d'Orsay, Quai d'Orsay, weitläufiger Bau mit stattlicher Halle, in der noch frühmorgendlich verschlafene Stimmung herrschte. In der Réception Zuweisung eines Zimmers im zweiten Stock, das sich mit seinem kleinen Vorplatz, an dem das Bad lag, als sehr freundlich erwies, aber im Punkte der Bequemlichkeit der Einrichtung nicht allen Wünschen genügte. Schließlich, man braucht eine Kommode! Den obligaten Kamin hätten wir gern für ein Möbelstück in Kauf gegeben, der unsere Wäsche bergen könnte* (a.a.O., 14). Gerne ist der Deutsche woanders nur, wenn es dort ganz so ist, wie zuhause.

Mit der Stadt hat seine *Pariser Rechenschaft*, die er am Ende des Jahres im Umfang eines Buches veröffentlichen wird, wenig zu tun. Seine Wahrnehmungen, die über das Touristische kaum hinausgehen, lassen seine Person unbeteiligt.

Gleichwohl erweist der Ort sich auch für ihn als selbstbedeutsam. Denn das unausgesprochene Motiv seiner Reise ist Selbstbestätigung. Er braucht sie. Denn er hat die Seiten gewechselt. Aus dem glühenden Nationalisten der *Betrachtungen eines Unpolitischen* ist ein ebenso nüchterner wie entschiedener Vernunftrepublikaner geworden. Er kommt nicht nach Paris, um zu sich, sondern sein gewandeltes Selbst beglaubigt zu finden. Die Reise ist eine Wahlkampftour seiner neuen persönlichen ›Geistespolitik‹.

Diese Erwartung wird erfüllt. Sein Pariser Publikum, hochrangige Angehörige der kulturellen und politischen Elite, schenkt ihm, was das heimische ihm überwiegend trotzig versagt. Es empfängt ihn als den Repräsentanten eines ›neuen‹ Deutschlands, zu dem er sich erhoben hat, als den man ihn daheim so wenig gelten lassen will, dass seine *Rechenschaft* vor allem dem Nachweis dient, mit seiner Werbung um ›Versöhnung‹ und sein Eintreten für *die Wiederannäherung des deutschen Denkens an das westeuropäische* (a.a.O., 51) durchaus keinen ›Verrat‹ am Vaterland zu begehen. So sehr er in seinen

Pariser Vorträgen und Gesprächen als skeptischer Republikaner auftritt, die *Antithese von Humanität und Nationalität* nicht mehr gelten lässt (a.a.O., 59), so sehr will er dabei Patriot geblieben sein.

Darin fühlt er sich hier verstanden. Nicht durch, aber in Paris hat auch er die Selbstbekräftigung erfahren, deren Erwartung die Stadt so oft weckt, und so oft enttäuscht. *Niemand bleibt ganz, der er ist, indem er sich erkennt* (a.a.O., 112). Dass auch er das erlebt hat, findet er hier bestätigt. *Auch ich bin ›Bürger‹ – die tête-Halter und Bescheidwisser geben es mir schimpfweise täglich zu verstehen. Aber das Wissen selbst, wie es um das Bürgerliche heute geschichtlich steht, bedeutet schon ein Heraustreten aus dieser Lebensform, einen Nebo-Blick auf Neues* (a.a.O.). In Paris erlebt er mit Wehmut noch einmal in seiner ganzen Fülle, was dabei ist, zu verschwinden: *den ganzen aristokratischen Reiz der humanistischen Zivilisation des Westens kostet man beim Lauschen, spürt auch genau, was diese Alte Welt unter ›Barbarei‹ versteht und weiß dabei, daß es eine todgeweihte Welt ist, schon tot eigentlich, im Begriffe, von östlich-proletarischen Wogen verschlungen und begraben zu werden. Am Ende hieße es nicht der Weltgeschichte in die Speichen fallen, wenn man zugäbe, daß es immerhin ein bißchen schade darum ist* (a.a.O., 18f.).

Paris lässt ihn die Unausweichlichkeit spüren, dass dem, als dessen Anwalt er dort auftritt, die härteste historische Probe erst noch bevorsteht.

Vier Jahre später, als er am 17. Oktober 1930 seinen *Appell an die Vernunft* im Berliner Beethovensaal vorträgt, wird er sich überzeugt haben, dass sie nicht aus dem Osten, sondern aus Europas Mitte, aus Deutschland droht.

Nach der Katastrophe des Zweiten Weltkriegs werden viele wiederkehren. So auch Wolfgang Koeppen, der im Frühling des Jahres zum ersten Mal dort gewesen war, in dem das Regime begann, das sie auslösen sollte. Sein Bericht im *Berli-*

*ner Börsen Courier*, »Paris in diesem Frühjahr«, konnte damals noch betonen, wie gelassen man in der Hauptstadt Frankreichs, das so bald schon wieder ›Erzfeind‹ sein wird, die Umwälzung in Deutschland wahrnimmt, konservativ, wie man trotz einer an Revolutionen reichen Geschichte dort im Grunde sei.

Ein Vierteljahrhundert später findet er alles vor, wie es war, und sich auf Anhieb ganz zu Hause. Doch ist die Stadt so entzaubert und stumpf, wie Thomas Mann es als ihre Zukunft vorausgeahnt hatte. Das Verblassen ihres Mythos' verstärkt seitdem die Ambivalenz von Anziehung und Abstoßung, in der die Befremdung überwiegt, die des arglos erwartungsvollen Ankömmlings harrt.

Koeppen aber ist gegen Enttäuschung immun, er ist die Ausnahme, die die Regel macht. Denn er kommt schon als Fremdling, und will gar nichts anderes sein. Er lebt als jener »Fremdling auf Erden«, von dem Julien Greens Novelle handelt, 1930 in der Stille von Passy, hoch über der Seine, geschrieben. *Was ich auf Reisen suche, ist das Fremdsein ganz und kraß, der Schein der Vertrautheit ist gewichen, die Welt ist neu, sie ist mir nicht Freund und nicht Feind, ich wohne nicht, ich bin nicht eingestuft, man erwartet mich nicht, ich habe keine Geschäfte in der Stadt, ich verstehe nichts, und das bedeutet die Möglichkeit des Begreifens. Ich reise allein und gern in Länder, deren Sprache ich nicht spreche, ich bemühe mich nicht um die fremde Grammatik, jedenfalls nicht vor der Fahrt, manchmal nachher, ich bereite mich nicht vor, ich will neu geboren werden, ich will vom Himmel fallen; gibt es, wo ich lande, Menschen, denen ich empfohlen bin, so meide ich sie* (Koeppen, »An Ariel«, 280).

Für einen wie ihn, ist Paris die ideale Stadt. Sein konstitutives Fremdsein befähigt Koeppen, ein Ideal des Ankommens zu entwerfen.

*Ich komme an und lebe mit der Fremde. Ich pirsche durch die Stadt. Ich durchstreife noch ihre entlegensten Reviere. Ich sehe, höre, rieche, schmecke Menschen, Häuser, Plätze, Kirchen, Friedhöfe, Amtsstuben, Gerichtssäle, Kneipen, ihre armen und reichen Küchen. Ich trinke die fremde Luft. Sie berauscht, reizt, ernüchtert, und immer macht sie wach, weckt Erwartung, läßt suchen, setzt auf eine Spur* (a.a.O).

Folgt man den Spuren, so kann einen dort, wohin sie führen, erwarten, was man ahnungslos und sehnsuchtsvoll schon mitbrachte, und hier auf die Probe gestellt findet: man selbst. Denn Paris ist ein *Magnet*, der einen *zu sich selbst* hinzieht (Barnes, a.a.O., 66).

**2** *Tilt*

*Aber im Grunde besteht das spezifische Vergnügen einer Reise […] darin, […] den Gegensatz von Abreise und Ankunft statt möglichst unmerklich so einschneidend wie irgend möglich zu machen, ihn in seiner Ganzheit zu erfassen, wie wir ihn, noch ganz intakt, in unsern Gedanken tragen, als unsere Einbildungskraft uns von jenem Orte, an dem wir lebten, bis ins Herz jener ersehnten Stätte in einem gewaltigen Schwunge trug, der uns wunderbar nicht deshalb schien, weil er eine Entfernung durchmaß, sondern gerade weil er zwei deutlich unterschiedene Ortsindividualitäten der Erde miteinander in Verbindung brachte, uns von einem Namen zu einem anderen führte.*

Marcel Proust
*Im Schatten junger Mädchenblüte*
*Auf der Suche nach der verlorenen Zeit* II

## Lesbarste aller Städte

Das Glück, zu dem er befähigt war, hatte er in Italien zu finden gehofft, wo er sich am wohlsten fühlte. Als ihn die größte seiner Leidenschaften, die auch die aussichtsloseste war, schließlich überfordert, ergreift Stendhal die Flucht. Sein Ziel ist das so vieler Flüchtlinge schon vor und noch lange nach ihm.

*Ich verließ Mailand am 13. Juni 1821, um mit dreitausendfünfhundert Francs und der Vorstellung nach Paris zu reisen, wenn diese Summe aufgebraucht sei, bleibe mir als einziges Glück, mir eine Kugel durch den Kopf zu schießen. Nach drei Jahren enger Beziehung verließ ich die angebetete Frau, die mich liebte und sich mir nie hingegeben hatte (Stendhal, Erinnerungen eines Egotisten, Tagebücher* II, 177–275; 181).

Die Reise wird so beschwerlich, wie ihr Anlass bedrückend ist. Sein Unbehagen wächst mit jeder Station, die er hinter sich bringt, und steigert sich zum Abscheu. Er will nicht, was ihn erwartet, und kann nicht mehr wollen, was er verließ. Umso weniger, als ihm das, was er auf sich zukommen sieht, als eben das noch einmal erscheint, wovor er nach Italien ausgewichen war.

*Frankreich und vor allem die Umgebung von Paris haben mir immer missfallen, ein Beweis, dass ich ein schlechter Franzose und ein schlechter Mensch bin, wie mir später Mademoiselle Sophie sagte ... (Monsieur Cuviers Schwiegertochter).*

Gleich, wohin die Reisen im Unglück führen, an ihrem Ziel angekommen, können sie nur bekräftigen, was sie veranlasste.

*Ich betrat den Boden von Paris und fand es mehr als hässlich, beleidigend für meinen Schmerz, und ich hatte nur den einzigen Gedanken: mich nicht verraten!*

Unvermeidlicher Weise in Enttäuschung endend, werden die Reisen des Unglücklichen schließlich ziellos. Jeder Ort erneuert den Impuls, zu fliehen, der an ihn führte.

Schon nach wenigen Wochen kehrt Stendhal, der Mailand innerlich nie verlassen hat, dem verachteten Paris wieder den Rücken, *um nach England zu reisen, wozu mich der in Paris empfundene tödliche Ekel trieb* (a.a.O., 184f.). Was nach endgültigem Abschied klingt, sollte erneut ein vorläufiger werden.

Er wird zurückkehren, und ein ganzes Jahrzehnt in Paris verleben, an dessen Ende er seine »Erinnerungen eines Egotisten« schreibt. Die Fragen, die er sich, sie einleitend, stellt, bezeugen die eigentliche Macht, die Paris zu üben immer fähig ist: es konfrontiert mit den elementarsten Ansprüchen, die einer an sich stellen muss, der ein bewusstes Leben führen will.

*Habe ich den größtmöglichen Gewinn für mein Glück aus den Verhältnissen gezogen, in die mich der Zufall während der letzten neun in Paris verlebten Jahre versetzt hat? Was bin ich für ein Mensch? Besitze ich gesunden Menschenverstand, tiefgründigen Verstand? Habe ich einen bedeutenden Geist? Ich weiß es wirklich nicht* (a.a.O., 179).

Für jeden, der von ihm aufgenommen sein will, wird Paris zur Pflicht, glücklich zu sein. Deshalb zieht es fast jeden als Sehnsuchtsort selbstverheißener Lebenserfüllungen an. Während es denen, die voller Selbstzweifel kommen, am schlechtesten bekommt, macht es die, die noch keine kannten, mit ihnen vertraut.

Das erfuhr auch ein junger Elberfelder Künstler, als er sich wie so viele andere in einer ersten Nachweltkriegszeit 1927 mittellos und erwartungsvoll ins Milieu der Avantgarde zwischen Montmartre und Montparnasse begab. *In Paris zählt keine Verbindung, keine Relation, jedes Individuum steht nackt und bloß da*, erinnert Arno Breker sich ein halbes Jahrhundert später. *Nur das, was die Natur an Substanz zugesteuert hat, kommt an, ist im gegenseitigen geistigen Austausch verbindlich* (Breker, 27).

Die Unglücklichen sind es, die Paris abstößt. Eine jener seltensten Gestalten, die für jedes Glück, das in einem Menschenleben empfunden werden kann, ganz unempfänglich sind, floh Guy de Maupassant die Stadt zur Zeit der Weltausstellung von 1889, die Paris mit seinem seitdem bekanntesten Symbol versah. *Ich habe Paris und sogar Frankreich verlassen, weil der Eiffelturm mich schließlich zu sehr ärgerte*. Das Treiben um ihn konfrontiert den von Überdruss bestimmten Dichter zu intensiv mit einer Freude, die er selbst nicht empfinden kann. *Was kümmert mich übrigens der Eiffelturm. Er war ja nur der Leuchtturm für eine internationale Kirchweih – so der geheiligte Name –, deren Erinnerung mich verfolgen wird wie das Alpdrücken, wie die Wirklichkeit gewordene Vision des gräulichen Schauspiels, das einem angeekelten Menschen die sich amüsierende Menge bieten kann. Ich habe nur vom ersten Tag an festgestellt, dass ich für solche Vergnügungen nicht geschaffen bin* (Maupassant, *Irrfahrten*, 31; 33).

So bedeutend Stendhals und Maupassants Zeugnisse sind, so geringfügig erscheinen sie als Ausnahmen in der überwältigenden Fülle literarischer Zeugnisse der Anziehungskraft der Stadt, die zur Hauptstadt der Welt avancierte, als Europa daran ging, sie sich untertan zu machen. Paris ist unvergleichlich öfter gesucht als geflohen worden.

Die Anziehungskraft war stets stärker. Sie brachte eine Literatur hervor, die die Macht der Pariser Wirklichkeit verdoppelte. Erst, was in schöpferischer Einbildungskraft entstanden ist, und die Fantasie eines Massenpublikums beschäftigt, existiert wirklich.

So wurde Paris ›lesbar‹ wie keine andere Stadt (Stierle, *Mythos*, Einleitung). *Unter allen Städten ist keine, die sich inniger mit dem Buche verband als Paris. (…). Denn über die kahlen Seine-Quais hat sich seit Jahrhunderten der Efeu gelehrter Blätter gelegt: Paris ist ein großer Bibliothekssaal, der von der Seine durchströmt wird. (…). Kein Monument in dieser Stadt, an dem sich nicht ein Meisterwerk der Dichtung inspiriert hätte. (…). So unauslöschlich hat sich diese Stadt ins Schrifttum eingezeichnet, weil in ihr selbst ein Geist wirkt, der den Büchern verwandt ist* (Benjamin, »Die Stadt im Spiegel«, 356). Weshalb man in der Métro, in ihren Cafés und Parks so viele Lesende antrifft, wie ebenfalls fast nirgendwo sonst.

Sie ist so oft und reich, so genau und inspiriert beschrieben worden, wozu ihre Besucher fast so sehr beitrugen wie ihre Bewohner, dass man sie kennen lernen kann, ohne jemals dort gewesen sein zu müssen. Wer Fontanes Romane oder Döblins *Alexanderplatz* läse, um sich auf einen Besuch Berlins vorzubereiten, müsste dort feststellen, fast nichts erfahren zu haben. Was sie beschrieben, ist nicht nur ver-, auch untergegangen. *Im gesamten westlichen Kulturkreis hat sich keine der großen Hauptstädte so entwickelt wie Paris, mit derartigen Brüchen und in einem solch unregelmäßigen Rhythmus* (Eric Hazan, *Die Erfindung von Paris*, 15), und dabei doch eine Grundstruktur erhalten, die ihre Vergangenheiten in ihren Gegenwarten bewahrt.

Als er im Juni 1933 von seinem Besuch berichtet, betont Wolfgang Koeppen den tatsächlich konservativen Charakter der Stadt, der ihre eigene Geschichte stärker prägte, als dass sie Schauplatz der Europa und die Welt verändernden Revolution war. *In seinen Gewohnheiten hing man dort stets am Alten, wenn das Herz auch zuweilen für die Zukunft schlug.* Ihr *Geheimnis* findet er darin, *daß sie niemals zerstörte, was sie in der Vergangenheit begonnen, sondern mit klugem, lateinischem Maß von ihrem Ursprung aus weiter gebaut, sich entwickelt hat, das*

*Neue stets so selbstverständlich sich einverleibend, daß es gar keine Gelegenheit hatte, sich feindlich zum Alten zu stellen* (»Paris in diesem Frühling«, 73).

So wird die meisten wiederfinden, wer nach Schauplätzen der Romane Balzacs oder Zolas sucht. Als wäre sie noch die ›Hauptstadt der Welt‹ hat Paris seine Gestalt, Atmosphären, Launen und Eigenarten aus den Zeiten konserviert, in denen sie es tatsächlich war. Von allen europäischen Metropolen musste sie am wenigsten unter den Zerstörungen der Weltkriegsepoche leiden. Ihren uralten ›magischen‹ Ruf hat das bekräftigt und erneuert.

Bei keiner Stadt liegen imaginäre und tatsächliche Topografie so bis zur Deckung nahe beieinander, dass es möglich wäre, allein aufgrund der Lektüre ihrer Literatur eine Beschreibung der Stadt vorzunehmen, die einem wirklichen Besucher als Führer dienen könnte. Auch ein Jahrhundert später wird der Besucher finden, was Kafka beschrieb: *die aus den flachen Kaminen herauswachsenden hohen dünnen Kamine (mit den vielen kleinen blumentopfartigen), die äußerst stummen alten Gaskandelaber, die Querstriche der Jalousien, denen sich in den Vorstädten die gestrichelten Schmutzabdrücke auf der Hauswand anfügen, die dünnen Leisten auf den Dächern, die wir in der rue Rivoli sahen, das gestrichelte Glasdach des Grand Palais des Arts, die strichweise geteilten Fenster der Geschäftsräume, die Gitter der Balkone, der aus Strichen sich bildende Eiffelturm, die größere Strichwirkung der Seiten- und Mittelleisten der Balkontüren gegenüber unseren Fenstern, sie Sesselchen im Freien und die Kaffeehaustischchen, deren Beine Striche sind, die goldspitzigen Gitter der öffentlichen Gärten* (*Reisetagebuch*, 47).

Der literarische Atlas von Paris kann ihren Stadtplan beinahe ersetzen (vgl. Moretti, *Atlas*, 115–137).

*Schließlich ist jeder, das heißt, jeder der schreibt daran interessiert in sich selber zu leben damit er sagen kann was in ihm drinnen ist. Darum müssen Schriftsteller zwei Länder haben, eins wohin sie gehören und eins in dem sie wirklich leben. Das zweite ist romantisch, es ist getrennt von einem selbst, es ist nicht wirklich aber es ist wirklich da* (Gertrude Stein, *Paris*, 8).

Von Generation zu Generation ist dieses ›zweite Land‹ für viele Paris gewesen, und nicht nur für Schriftsteller. Keine andere Weltstadt hat so ungebrochen Sehnsüchte geweckt und verzaubert wie Frankreichs Kapitale.

*PARIS, Lutetia, Urbs aeterna, Nabel der Welt, capitale de l'occident, Hauptstadt der Revolution, des Königsmords und der Republik, Jahrhundertstadt, mythische Metropole, Stadt der Städte, modernes Rom, Babylon, Mekka, heilige Stätte, ville lumière, Hochsitz von Luxus und Laster, von Stolz und Vorurteil, von Glanz und Elend, von Reichtum und Armut, von menschlicher Größe und menschlicher Minderwertigkeit, Matrix der unendlichen Vielfalt aller gesellschaftlichen Lebensformen, Laboratorium aller Verwandlungen, Schauplatz der* Comédie Humaine, *Treibhaus der* fleurs du mal, *blutgetränkter, lustgesättigter Mutterboden der Utopien und Phantasmagorien, Spielplatz der Ideen und Ideologien, lieu magique, Metapher, Allegorie, Paradigma für das unergründliche Entwicklungsgeschehen der Spezies, Modell des Erlebniszusammenhangs, des Erfahrungskomplexes ›Mensch und Gesellschaft‹, ›Gesellschaft und Geschichte‹ – für das Leben schlechthin* (Sombart, *Lehrzeit*, 32).

Manchem gelang es, und die Stadt, die alles ist und in der es alles gibt, wurde zur Zuflucht, zum Ort der Wandlung und Selbstfindung. An keinem Ort der Welt haben wohl so viele Emigranten, freiwillige wie genötigte, die Verwandlung der Fremde in mögliche Heimat erfahren wie hier. Das macht die Pariser Kulturgeschichte zu einem Exempel von Kulturgeschichte überhaupt, wenn ›Kultur‹ in ihrem Kern die elementare Leistung des Menschseins ist, eine ursprünglich fremde Welt in eine Ordnung der Gewährleistung möglichen Daseins zu verwandeln.

So überwiegt der Eindruck, den Frank Wedekind einem Freund aus *Babylon, 9.1.1893* mitteilt. *Das glaub ich bestimmt, daß man Paris nicht verläßt, ohne einen Schatz fürs Leben mit sich zu nehmen. Man wird nicht blasirt. Die Dinge sind ja überall die nämlichen. Hier aber kann man lernen, ihnen mit jedem Tag eine neue Seite abzugewinnen* (Florack, »Kaufhaus Babylon«, 76).

## Ein gewöhnlicher Bursche

Dem exemplarischsten aller literarischen Ankömmlinge in Paris wird diese Verwandlung nach langem Kampf zwar zuteil. Im Drama ihrer Rücknahme aber wird er schließlich untergehen. Honoré de Balzac hat es die Hauptfigur im Zentralwerk seiner *Comédie Humaine* erleben lassen, dessen Titel zeitlos genau benennt, womit rechnen muss, wer sich nach Paris begibt: *Verlorene Illusionen*.

Um in Frankreich etwas zu gelten, muss man es in Paris geworden sein. Was immer man wo immer sonst ist, hier ist man es nicht mehr. *Menschen, die in der Provinz eine Art Ansehen genießen und dort bei jedem Schritt auf einen Beweis ihrer Wichtigkeit stoßen, können sich nicht an diesen völligen und plötzlichen Verlust ihres Wertes gewöhnen* (Balzac, *Illusionen*, 191).

Von seiner Gönnerin und deren Verbindungen in die Hauptstadt gebracht, um seinen ersten Erfolg als vielversprechender junger Dichter, als der er in Angoulême schon gefeiert wird, beglaubigen zu lassen, erfährt Lucien Chardon, der sich Lucien de Rubempré nennen und alles daransetzen wird, den verlorenen Adelstitel zurückzuerhalten, unter diesem eisernen Gesetz die größte aller Enttäuschungen.

Kaum angelangt, schrumpft sein Ego überwältigt von der Überfülle gegen Null.

*Während seines ersten Herumstreifens über die Boulevards und die Rue de la Paix beschäftigte sich Lucien, wie alle Ankömmlinge, viel mehr mit Dingen als mit den Personen. In Paris ziehen die Massen zuallererst die Aufmerksamkeit auf sich: der*

*Luxus der Läden, die Höhe der Häuser, das Wagengerassel, die fortwährenden Gegensätze zwischen dem größten Luxus und dem äußersten Elend springen zuerst in die Augen. Dieser Phantasiemensch war wie benommen von der Menge, in der er ein Fremder war, und verspürte eine Art ungeheurer Verkleinerung seiner selbst* (a.a.O.).

Statt Bestätigung und Entfaltung zu erleben, wird er durch die Höllen der Armut, der Demütigung und Erniedrigung gehen. Gesellschaftlich minderwertig, verflüchtigt sein provinzieller Ruf sich schnell in den blasierten Salons, zu denen er dank der Stellung seines Nebenbuhlers in der Liebesgunst seiner Freundin Zutritt erhält.

Bestürzt von der plötzlichen Verzagtheit ihres Günstlings, beginnt Madame de Bargeton an beider Verbindung zu zweifeln, und den Eifer des Ehrgeizes, den sie für ihn entwickelte, in Frage zu stellen. Der um sie werbende Baron von Châtelet, gewieft zynischer Artist der Pariser Verhältnisse, der es schnell bemerkt, befeuert ihre Skepsis und Selbstzweifel, indem er in derber Offenheit ausspricht, was an ihr nagt.

*Wenn Sie in ein paar Tagen, wo Sie Gelegenheit haben, ihn mit wirklichen Talenten, mit ernstlich hervorragenden Männern, die Sie sehen werden, zu vergleichen, wenn Sie da merken, meine liebe schöne Sirene, daß Sie nicht einen großen Sänger auf Ihre reizende Schulter genommen und zum Hafen getragen haben, sondern einen kleinen Affen ohne Manieren, ohne Bedeutung, einen dummen Prahlhans, der in Houmeau Geist haben kann, aber in Paris ein überaus gewöhnlicher Bursche wird!* (a.a.O., 194). Die Arroganz der Kapitale ist unerbittlich.

Nichts verzeiht eine Dame der Gesellschaft weniger als das gesellschaftliche Versagen ihres Erwählten. Ohne mit ihm zu brechen, wird sie sich von ihm abwenden. Auf sich allein gestellt, beginnt sein Kampf ums Überleben.

*Eine Stimme in ihm rief wohl: »Der Geist ist der Hebel, mit dem man die Welt bewegt«; aber eine andere Stimme rief ihm zu, der Stützpunkt des Geistes wäre das Geld. Er wollte nicht länger auf diesem Schauplatz seines Zusammenbruchs und seiner Niederlage weilen* (a.a.O., 200).

Daraus folgt alles weitere. Um der Armut zu entkommen, wird aus dem Dichter ein korrupter Gefälligkeitsjournalist, der sich in den politischen Intrigen verfängt, und seine Freunde verliert. Aus ständiger Geldnot zu finanziellen Abenteuern gezwungen, ruiniert er seine Familie in der Provinz. Nach dem Tod seiner Geliebten verzweifelt, will er sein Leben beenden. Stattdessen gerät er in die Fänge eines dämonischen Hochstaplers, der ihn davon abhalten kann. Zum Handlanger dessen krimineller Machenschaften geworden, findet er zu Rang und Reichtum zurück. Und verliert dabei sich selbst.

Im Zeitalter der Restauration lässt Ehrgeiz aus Selbstverblendung Paris für den Geistesmenschen zur Falle werden. Kaum angekommen, schnappt sie für den Dichter aus der Provinz zu. Nur die Begabung zu zynischer Rücksichtslosigkeit kann aus ihr befreien. Wem sie abgeht, der geht unter. Luciens Untergang wird sich verzögern, indem er sich zum Gehilfen eines Verbrechers machen lässt, der über sie im Übermaß verfügt.

Davon wird der Folgeroman der *Comédie Humaine* erzählen, *Glanz und Elend der Kurtisanen*. In ihm findet der Protagonist das Ende, das mit seiner Ankunft in Paris begann.

**3** *Ready for far*

## Unbekannt vertraut

### *Das begehbare Kunstwerk*

Von jemandem, den man bereits kennt, freundlich erwartet zu werden, überdeckt das Gefühl der Ankunft in einer Fremde, die genau das sein will.

*An der Gare de l'Est würde mich ein Freund, Marshal Suther, abholen. [...]. Und da stand er, wie erwartet. [...]. Er schloß mich wie einen Bruder in die Arme* (Sombart, *Lehrjahre*, 15f.).

Und sogleich beginnen die beiden, von denen der eine schon so wenig fremd am Ort geworden ist, dass sein Empfang dem anderen suggerieren kann, mit den ersten Schritten auf Pariser Boden aufgenommen zu sein, mit dem Ritual des ersten Ankommens: Sightseeing vorüber an den Berühmtheiten des Stadtbildes, die jeder kennt, auch ohne sie zu kennen.

*Da hockte ich fröstelnd in dem kleinen schwarzen Auto, das mein Freund schweigend und scheinbar ganz planlos durch die Straßen steuerte. Die Fassaden waren diesig verhüllt, keine Volumen, nur Silhouetten, nicht Stein und Eisen, Luftspiegelungen. La Madelaine, Place de la Concorde, Le Petit Palais, Le Grand Palais, Le Pont Alexandre III, das Marsfeld, der Eiffelturm – dort, schwebend, im Morgengrauen. Traumfetzen im Niemandsland des Erwachens. Noch hatte ich die Möglichkeit nicht, sie im Koordinatennetz eines Stadtplans genau zu verorten aber – und das beglückte mich – ich erkannte sie.*

*So würde es bleiben. Obwohl mir alles unbekannt war, war es mir vertraut. Durch mein Nichtwissen schimmerte ein Vorwissen hindurch – Bilder und Namen, Anekdoten und Jahres-*

*zahlen, Balzac und Proust. Jedes Erkennen wurde zum Wiedererkennen, zum lustvollen Déjà-vu* (a.a.O., 16).

Das erfährt – fast – jeder, und es ist ein Topos der Literatur des Paris Erlebnisses.

*In die ersten Eindrücke von dieser Stadt mischt sich ein eigentümlich zauberhaftes Element: all dieses, wovon man oft gehört, gelesen hat, das man aus Bildern, Gedichten, Romanen, mündlichen Erzählungen zu einer gewissen Vorstellung vermischt in sich trägt, jetzt ist es mit einemmal wirklich da und ist zugleich anders und dennoch ähnlich, – als befände man sich an einer jener Stätten, wo einen die Empfindung des ›déjà vu‹ beschleicht. Sie taucht immer wieder auf, geht aber im Lauf des Tages und seines fortwährenden Zuwachses an Bildern – Bauten, Alleen, Plätzen, Parks – mehr und mehr in dem Eindruck unter, daß man sich, wohin das Auge sich auch wendet, inmitten eines außerordentlichen, umfassenden, von vielen Generationen geschaffenen Kunstwerks befindet* (Emil Barth, 15f.). Denn die Paris Kenntnis beruht auf der Vorauskenntnis der Kunstwerke, die Paris über sich hervorgebracht hat.

Genau dieses ›Wiedererkennen‹ aber verbirgt dem Neuankömmling, dass die Fremdheit der Fremde in Paris besonders groß ist. Da er zu kennen meint, was er nicht kennt, wird es ihm leichter werden, sich umzutun, als wäre er nicht ausgeschlossen, und die besondere Härte der Pariser Gleichgültigkeit gerade deshalb mit einer sich selbst bestätigenden seligen Naivität tatsächlich zu durchbrechen.

## Viermal das erste Mal

Er war eine der – nicht ohne Zwielicht – schillerndsten Figuren deutsch-französischen Kulturaustausches der Zwischenkriegs-, Besatzungs- und ersten Nachkriegszeit. In seinen Paris-Erinnerungen *Unsere schönsten Jahre* erinnert Friedrich Sieburg nach dem Muster des durch eine geringe Rahmenhandlung verbundenen Erzählungsreigens in der Tradition italienischer Renaissancenovellistik, die Goethes *Gespräche deutscher Ausgewanderten* in die deutsche Literatur eingebürgert hatte, an eine seiner stets mit Behagen arrangierten repräsentativen Pariser Geselligkeiten, in deren Verlauf er die Teilnehmer über ihre erste Begegnung mit Paris berichten lässt.

*»Ich kam im Sommer 1912 zum erstenmal nach Paris«, begann ich selbst, »es gab schon viele Autodroschken, aber die großen Boulevards waren in ihrem Gewirr von jungem Grün, von gestreiften Marquisen, geputzten Frauenhüten und blonden Platanen dem berühmten Bilde Renoirs noch sehr ähnlich. Ich kam mit gleichaltrigen Freunden am Ostbahnhof an. Wir wollten zur Rue Boulard, einem winzigen Sträßchen an der Porte d'Orleans, und fragten die Taxichauffeure danach. Drei oder vier von ihnen berieten unter sich über diese Frage, und die Gelassenheit und Würde, mit der sie uns Auskunft erteilten, ist mir unvergesslich. Man sah gleich, die Stadt hatte keine Macht über sie, sondern war um des Menschen willen da. Sie waren, mit einem Wort, Urbilder der menschlichen Souveränität, diese schweren Männer in ihren langen Arbeitskitteln, die sie über dem Anzug trugen. Sie machten auch keinen Versuch, uns zur Benutzung eines Wagens zu bewegen, und so nahmen wir dann die Untergrundbahn,*

*deren süßlicher Mentholgeruch mein Gedächtnis nie wieder verlassen hat und mich auch heute noch an den ersten Tag in Paris erinnert. Die Rue Boulard war damals noch ganz ländlich, mit kleinen Pavillons, in denen Maler ihre Wohnungen und Ateliers hatten. Wir kauften eine Tüte pommes frites, eine Handvoll Oliven, dazu eine Flasche Chablis. Das war unsere erste Mahlzeit in Paris«.*

Substantieller als dieses erlebte Klischee fällt die zweite im Reigen der vier Erinnerungen aus. Anhand einer subtilen gesellschaftlichen Beobachtung bezeugt sie den unüberwindbaren Abstand zwischen der Lebenswirklichkeit der Pariser und ihren Gästen.

*Blumengeschmückte Landauer mit lachenden Frauen fuhren die Avenue entlang, der Fahrweg war dicht gesäumt von Menschen, die dem Corso zujubelten. Ein Mann neben mir, der einen spiegelblanken Zylinderhut trug, warf einen großen Veilchenstrauß in einen der vorüberfahrenden Wagen. Es war ein silberbeschlagener Wagen, die Pferde trugen Blumen am Kopfzeug, eine blonde Frau in weißem Spitzenkleid fing den Veilchenstrauß auf und lachte den Spender an. Der Blick, den die beiden Menschen miteinander tauschten, ist mir noch heute gegenwärtig. Es war ein langer Blick, ohne Unsicherheit oder Flüchtigkeit, gleichsam ein reifer Blick, voll Mitwisserschaft und geladen mit einem offenen Geheimnis, das alle Menschen um mich zu verstehen schienen, nur ich nicht. Ein unbekannter Schauder überlief mich und es erschien mir ganz hoffnungslos, jemals in den Lebensbereich eintreten zu können, in dem sich dieser Blickwechsel abspielte. Wohin ich auch ging in diesen Tagen, alles erschien mir beunruhigend und doch festlich, und dieses Gefühl von etwas Festlichem verließ mich nicht während der kurzen Tage.*

Bei aller Ausgeschlossenheit kann es ein *Fest fürs Leben*, als das Ernest Hemingway seine eigene Pariser Zeit rühmte, so sehr werden, dass die Erfahrung der glücklichen Fremde, die es so nur hier gibt, einen zu verwandeln beginnt. Das Paradox eines Lebens, an dem man teilnimmt, ohne von ihm aufgenommen zu werden, zwingt einen dazu, sich zu dem zu bekennen, der man tatsächlich ist. Die Pariser Fremde macht einen ganz mit sich selbst bekannt.

*Nach einer Weile fuhr er fort: »Ich bin nicht mehr, der ich war. Aber ich weiß nicht, ob das eine Gnade oder ein Unglück ist. Wenn man gelernt hat, die Welt nur durch ein sehr scharfes Mikroskop zu betrachten, und man wird plötzlich an ein riesenhaftes Fenster geführt, vor dem sich Himmel, Meer und Erde ausbreiten, so ist das schlimmer als erblinden. So war meine erste Begegnung mit Paris. [...]. Ich las in dieser Stadt zum erstenmal in meinem Leben wahllos und ohne Richtung.*

Auch dazu ist die Literatur das wichtigste Medium. *Ich las die Brüder Goncourt ebenso begierig wie Pascal, von Flaubert wechselte ich zu Vauvenargues, und von Stendhal zu Lammenais. [...]. Nun erfuhr ich, welch ungeheure Leistung in der Bewältigung des menschlichen Zusammenlebens durch das Schreiben liegt. [...]. Ich musste nach Paris kommen, um zu lernen, dass es besser ist, ein hilfloses und schwaches Menschengesicht als eine starke Maske zu zeigen. [...]. Ich habe die Selbstverständlichkeit meiner Art eingebüßt, ehe ich ein anderer werden konnte. So ist es mir mit Paris ergangen«* (Sieburg, *Jahre*, 172f.; 173f.; 179–182).

Zu geschmeidig ist das Gefüge, als dass es nicht als Kunstgriff durchschaubar wäre: vier anonymen Gestalten zugeschrieben, berichtet der Autor von den wesentlichen Beobachtungen seiner eigenen ersten Begegnung mit seiner Wahlheimat. Unter der zu glatten Eleganz eines gleichmäßigen Satzflusses, der kaum einmal einem Gedanken kristallisationsfähigen Widerstand bieten zu wollen scheint, verbirgt sich bis zur Vorenthaltung verhaltene Einsicht. Sie bleibt in ein imaginäres Halbdunkel getaucht, zu dem seine vergangenen Rollen den nachträglichen Zeitzeugen anhalten mögen, der mehr sein wollte als nur dies.

Auch das ist eine Pariser Wirkung. Wer immer etwas kann, wird sich hier dazu getrieben finden, es noch besser aus sich herauszuholen, als er glaubte, es sich zutrauen zu dürfen, und besser, als er es bis dahin konnte.

**4** *Deep surprise*

## Unter Falschspielern: Surreale Ankunft bei sich selbst

Bei seinem ersten Besuch in Paris einige Jahre nach Ende des Krieges, dessen Erfahrung ihn fürs Leben prägte, gerät er in der Rue Poisonnière sogleich an einen Schlepper. Noch ungebrochen abenteuerlustig, lässt er sich in die Fänge von Falschspielern locken. Sie werden die Souveränität des werdenden Anarchen auf die Probe stellen. Sie auf unerwartete Weise zu bestehen, wird Ernst Jünger mit sich selbst bekannter machen, als er es bis dahin gewesen war. Er wird den Schlüssel zu seinem Selbst erleben. Auch ihn wird Paris sich selbst näherbringen.

Der Lockvogel verspricht eine Partie, *»bei der man immer gewinnt«*. Die Dürftigkeit der Lockung schreckt ihn nicht ab. Es ist gerade *der Mangel an Finesse, der plumpe Köder*, was ihn reizt.

*Ich folgte ihm in den rückwärtigen Raum eines Cafés. Dort wartete bereits der andere Mann. Er ließ sich überreden, seine Billardpartie abzubrechen, und setzte sich mit an den Tisch. Die Karten waren sofort zur Hand. Ich sah in den Spiegeln, wie die Freudenmädchen und ihre Kavaliere mit den rasierten Nacken lächelten. Die Stimmung war gemütlich, einhellig, fast rituell.* Er hat sich eingelassen, der durchschauten Gefahr ausgesetzt. Die Neugier ist größer als die Vorsicht. Was den Frontkämpfer auf dem Schlachtfeld bestimmte, soll sich im Untergrund der Stadt bewähren.

*Es handelte sich darum, die höchste Karte zu erraten von drei aufgeworfenen. Ich sah deutlich das Karo-As, bezeichnete es und gewann. Wir spielten dann um das Doppelte, und ich gewann auf diese Weise drei Mal. Endlich stand das halbe Reisegeld auf dem Spiel, und ich hatte den Eindruck, daß die Partie ernst wurde – ich hatte die höchste Karte gesehen, doch nur als Andeutung. Ich wußte nun bestimmt, daß ich nicht dem Augenschein folgen durfte, sondern daß eine der beiden anderen die Gewinnkarte war. Aber vielleicht konnte auch noch beim Aufdecken manipuliert werden. Das war dann das Spiel, bei dem man immer gewinnt.* Nun galt es, zu verlieren, um die Haut zu retten, und heil davon zu kommen.

Doch der Abenteurer durchbricht die Logik der Situation. *Ich sagte daher etwas, das sie noch nie gehört hatten, nämlich: »Es scheint mir, daß ich heute zuviel Glück habe«.* Die Verblüffung, die die unerwartete Wendung auslöst, ist entwaffnend. *Sie blickten sich betreten an. Wahrscheinlich hielten sie mich für einen Lockspitzel. Auch die anderen, die ich im Spiegel sah, wurden still und nachdenklich. Ich stand dann auf und ging hinaus. Der vom Morgen kam hinter mir her. Er führte mich auf Umwegen zu meiner Pension zurück und verabschiedete sich dort jäh. Ohne Zweifel wünschte er, daß ich das Lokal nicht wiederfände, in dem wir gespielt hatten* (*Sgraffiti*, 22 ff.). Er hatte die Situation gemeistert, indem er sich ihr unangemessen verhielt.

Gelungen war ihm dies dank einer Aufspaltung seines Bewusstseins, indem er als Beobachter seiner selbst in der Situation, nicht als Teilnehmer an ihr handelte. Mittendrin, befand er sich außerhalb, als er das Spiel unbeendet abbrach, seinen Gewinn an sich nahm, aufstand und ging. So wurde er unantastbar.

Dieses Abenteuer zu Beginn seines ersten Paris Besuches zeigt, welcher Art sein Bewusstsein war. *Diese Aufteilbarkeit des Bewußtseins war mir schön öfter begegnet und sollte mir fernerhin begegnen – gehörte sie zur Aufgabe? Die Aufgabe konnte darin bestehen, Zeuge zu sein und Aussage zu leisten, auch über unangenehme Dinge, bestand vielleicht in höherer Teilnahme* (a.a.O., 23). Die überschauende Beobachtung des Erlebnisses, während es geschieht, ist *ein Heraustreten aus der linearen Realität, die sich ein wenig verschiebt, verdoppelt und verschärft* (a.a.O., 24).

So hatte er sich bereits nach der letzten schweren Verwundung im ›Großen Krieg‹ beim Sterben zugeschaut, das er für ausgemacht hielt. Sein Selbsterlebnis ist die Beobachtung dessen, was mit ihm geschieht, und wie es sich vollzieht. Er erfährt nicht sich, sondern sich als Medium einer Erfahrung: als Berichterstatter seines Lebens. So konnte er das wohl umfangreichste Tagebuchwerk seines Jahrhunderts schaffen, dessen Autor kein Erlebnis-›Ich‹, sondern ein ›Selbst‹-Beobachter ist.

*Die Situation war mir vertraut wie im Traum. Zugleich war ich in mir selbst, der da mitspielte, und deshalb überlegen dem in der Situation gefangenen Ich. Endlich gab es ein drittes Bewußtsein, das den Vorgang als Bild betrachtete, und zwar mit Genuß. Daß so etwas mehr wert ist als der Einsatz, selbst wenn das Leben auf dem Spiel steht, und daß es die Gefahr vergessen läßt, sah ich späterhin oft* (a.a.O.).

Indem die Wahrnehmung des Geschehens sich als Selbstbeobachtung vollzieht, verwandelt dessen Wirklichkeit sich in Vorstellung. *Das willensmäßige Interesse verliert sich im Bild, schlägt in Anschauung um. Ökonomisch ist das eine Fehlleistung, moralisch kein Verdienst. Unentbehrlich ist diese Eigenschaft dagegen für die höhere Berichterstattung, gleichviel ob sie durch Wort, Bild oder Zeichen geschieht* (a.a.O.).

Sein Verhalten in der Höhle der Falschspieler belehrte ihn über seine Konstitution. Nun wusste er in analytischer Schärfe weniger, wer, sondern wie er war. Er durchschaute die Seinsweise seines Ichs. *Führt diese höhere Anteilnahme in die Tiefe, so wird der Verlust zum Gewinn. »Das bist du« kommt nicht mehr als Echo, sondern als Freispruch zurück* (a.a.O.). Nämlich als Entbindung aus der Ausgeliefertheit des Handelnden an das Geschehen, in das er sich verwickelt findet. Als Beobachter handelnd, überwindet er die Übermacht der Wirklichkeit, die sie über den Handelnden übt. Dessen Selbstwahrnehmung, als befände er sich außerhalb, macht ihn zum Souverän der Lage. Sie ermöglicht ihm, sich, statt ihr gemäß zu handeln.

Die Reflexion in der Erinnerung an sein erstes Pariser Erlebnis bietet eine vollständige Selbstdarstellung der geistigen Gestalt Ernst Jüngers als einer Daseinshaltung. Sie versammelt alles, was sie ausmacht: das geteilte Bewusstsein, die Zeugenschaft, das Heraustreten aus der Realität, den Traum, das Bild, die höhere Sicht, die Tiefe.

Mit der einen Ausnahme der ›Tiefe‹ entsprechen diese Elemente wesentlichen Motiven der Surrealisten. Die Szene bei den Falschspielern könnte mit ihrem Zentralmotiv der Situationsdurchbrechung in Louis Aragons *Der Pariser Bauer* ebenso stehen wie in André Bretons *Nadja*.

Kein Wort tritt in Jüngers Werk so häufig auf wie der ›Traum‹, die Grundkategorie des Surrealismus. Sein persönlich reales Erleben der Wirklichkeit ist ganz so, wie deren Literatur sie in Imagination verwandelt. Was dort Vorstellung ist, ist bei ihm gelebte Wahrnehmung.

Zu seinem ersten Besuch war er in der Luft angereist. Er kam mit dem Flugzeug.

*Recht spät nach dem Kriege habe ich einmal wieder die französische Grenze überschritten, oder diesmal überflogen, um etwas nachzuholen, was ich schon lange als Versäumnis empfunden habe, nämlich um Paris zu sehen*. Sein einziger Mitreisender ist ein Industrieller. Während dieser auf dem Flug *mit seinem Frühstücken und Aktenlesen eine beneidenswerte Selbstverständlichkeit* gegenüber dem technischen Vorgang zeigt, beschleicht Jünger Unbehagen. *So war ich in meinem bequemen Polster nicht ganz vom fatalen Gefühl des Auguren frei, der weiß, daß Vorgänge wie Start und Landung vorläufig noch keine automatischen Ereignisse, sondern von den Feinheiten des Temperamentes abhängig sind.* Er beobachtet, was geschieht, während sein Mitreisender sich dem Geschehen ganz überlässt. Sein Erleben ist ein Entheben. Er erfährt sich als Phänomenologe seines Lebens. Dessen Ereignisse erlebt er als Erscheinung in seinem Bewusstsein. Erlebnis und Reflexion vollziehen sich gleichzeitig. Ihre Wahrnehmung im Vollzug ihres Erlebnisses versetzt die Wirklichkeit in einen surrealen Zustand der Enthobenheit. Wie der Träumende sich bei dem zusieht, was ihm geschieht.

Dieses verschiedene Erleben desselben Geschehens ist für ihn vor allem eine *Gelegenheit, über mein Lieblingsgebiet, den verwickelten Traumzustand der modernen Zivilisation, diese und jene Betrachtung anzustellen* (Jünger, *Das abenteuerliche Herz*, Erste Fassung, 115). Erlebnisinhalt seiner Reise ist das Bedenken der Bedingungen ihrer Möglichkeit: gelebte ›Transzendentalphänomenologie‹.

Die Wahrnehmung der technischen Zivilisation als Traum aber ist nichts anderes als die Perspektive des Surrealismus. Hätte es einen deutschen Surrealismus gegeben, hätte Ernst Jüngers Frühwerk zu dessen Begründern gehört. Die Intensität seiner Traumerlebnisse von Kindheit an machte sie den Erfahrungen des Wachbewusstseins gleichrangig. Die Traumbilder führten ihn zu Denkbildern, wie diese zum Mythos. Nicht umgekehrt. Er dachte nicht mythisch; er mythologisierte das Denken seiner sinnlichen Erfahrung.

So sehr er damit in die Nähe von Heideggers ›Andenken des Seins‹ geraten mochte, so fern blieb er dessen Bildfeindlichkeit der Kritik der Neuzeit als ›Zeit des Weltbildes‹. Für Jünger erschließt die Welt sich gerade in den Bildern ihrer Erscheinungen. Da er nicht nur sehen, sondern das Geschaute auch als Teil einer Weltordnung verstehen, seine Wahrnehmungen denken will, wird der Mythos als Deutung des Unerklärlichen zur Folie seines Bilddenkens. *Nur in Bildern denkt man gut*.

Jünger steigt hinab in die Untergründe des Realen, die seine Oberflächen der Erscheinung formen. Während die *profane Offenbarung* (Benjamin) der Surrealisten nach Überwindung des Bewusstseins durch den Traum strebt, verlangt es ihn nach Bewusstwerdung durch den Traum. Seine Einbildungskraft greift nicht über die Phänomene hinaus, sondern taucht unter sie hinab. Das Sinnliche denkend ergreifend, strebt er nicht über die Formen der Erscheinung zu deren Neukonstitution in einer Sphäre absoluter Freiheit hinauf, sondern hinunter zu den Kräften im Untergrund, die sie hervorbringen. Dorthin, wovon die Mythen sprechen, und der Verstand schweigt. Ihm geht es nicht um die Überwindung der Ordnung des Wirklichen, sondern um deren Enthüllung im Undurchschauten. In den Erscheinungen der sinnlichen Welt sieht er Manifestationen der verborgenen Gründe des Wirklichen. Das Phantastische wird zu deren eigentlicher Offenbarung. Sein Surrealismus ist ein Sousrealismus.

Damit steht er Freuds Theorie der Entzauberung des Unbewussten mit dem Ziel einer rationalen Ermächtigung des von seinen Wirklichkeiten verstörten Lebens näher als Bretons Impuls seiner Aktivierung zu deren Überwindung. Was als Erscheinung wirklich wird, ist ihm Zeichen des Wirkenden, das die Welt und die Verfassung der Menschen in ihr unbemerkt bestimmt.

Es zu bedenken aber, führt nicht zu dessen Bestimmung im Denken. Das mythisierende Bilddenken ist ein Platonismus ohne Begrifflichkeit. Die Wirklichkeitsschwäche der Begriffe, die den Denkenden an die bildende Kraft des Fantastischen verweist, hat ihr Gegenstück in der Offenbarungsschwäche der Bilder, die ihrerseits nur auf das verweisen können, was sich den Begriffen verweigert. Weder Begriff noch Bild vermögen zu entschlüsseln, was das Wirkliche wirklich macht. Die Anschauung des ›Seins‹ in den Bildern, die es stiftet, lässt es so unerfasst wie die Beschwörungen seines ›Andenkens‹ in Heideggers Theologie ohne Gott.

## Das zweite ist das erste Mal

Jede Ankunft an erwünschtem Ort ist von der Erwartungsspannung begleitet, sie möge der Auftakt zu einem Anfang sein. Noch in Traum und Halberwachen erster Nächte bilden sich Sehnsucht und Verheißung, *zu einem neuen Beginnen* angelangt zu sein (Peter Weiss, »Journal«, 94).

In ihren *Pariser Libertinagen*, der schönsten zeitgenössischen literarischen Vergegenwärtigung der Lebenswirklichkeit des literarischen Mythos Paris, hat Undine Gruenter das gleich im ersten Stück beschrieben: »Paris, Anfänge«.

*Hatte ich mir nicht geschworen, mein Leben als eine ›Kette von Anfängen‹ zu gestalten – denn für das Ende bliebe mir immer noch Zeit genug, dann, wenn es wirklich das altersschwache, zahnlose, nach Whiskey und Erinnerungen riechende, von greisenhaftem Lächeln verzerrte Ende wäre? Aber wenigstens musste am Anfang etwas passieren, oder war auch dies schon ein Anfang?* (26f.).

Auch in der Kunst des Reisens ist erst das zweite das erste Mal. Die zweite Ankunft beglaubigt die allererste zur Wirklichkeit eines gültigen Geschehens. Von nun an erst gilt ›wirklich‹, was auch immer geschehen, oder unterbleiben mag.

Die Ungewissheit wird eine unvermeidliche Zeit bangen Wartens füllen.

*Ich ließ mich auf dem Sofa in der Halle nieder, das Hündchen rückte, Nase unterm Schwanz, zusammengerollt dem Hundetraum eines Pekinesen hingegeben, keinen Zentimeter, und ich griff nach einer Zeitschrift des Club Mediterranée, angestrengt nach draußen auf das Motorgeräusch, die zuschlagende Tür eines Taxis lauschend.*

Es ist der zweite Besuch der Erzählerin, der schließlich die Erfüllung des Wunsches nach einem Beginn bringen wird. Ihr voran aber geht dessen Erscheinen im Bewusstsein der auf seine Erfüllung Wartenden. Als müsste ihr Gedanke die Wirklichkeit herbeirufen.

*Da aber, ins Meeresblau einer Gruppenreise nach Casablanca vertieft, nahte das ›happy beginning‹, der verzögerte Anfang, in Gestalt eines scharf am Bordstein parkenden Taxis, eines Türenschlagens und Portalaufschwingens, und Monsieur und ich flogen uns in die Arme, während das Hündchen mit müdem Lächeln den Kopf unter der Zeitschrift hervorzog, die ich im Überschwang auf es hatte fallen lassen* (a.a.O., 27f.).

**5** *Lost time*

## Ankunft in Erinnerung

Um in Paris richtig ankommen zu können, muss man schon einmal dagewesen sein. Die wirklichen Pariser Ankünfte sind Rückkehren.

*»Frühmorgens werde ich ankommen auf der düstern Gare du Nord. Das ist keine freundliche Willkommenstätte wie der Münchner Hauptbahnhof oder unser Anhalter. Er ist ein düstres Tor zum lichten Paris. Da holt mich Lellas Freund Claude in seinem alten blauen Auto, das mal vor langer Zeit einer Schauspielerin gehört hat und ein elegantes Coupé war. Und wir fahren Faubourgstraßen hinunter und kommen zwischen den beiden Toren St. Martin und St. Denis auf die alten Boulevards. Die sind vielleicht noch etwas verschlafen, so mit blassen Kellnern vor den Caféterrassen, die in ihre große Serviette gähnen. Und dann geht's schräg bergab zu den Markthallen. Da wird's lebhaft. Da müssen wir langsam um die Gemüsewagen herumschlängeln. Aber da ist es schön, langsam zu fahren und auch mal zu halten. Da ist es bunt und voll wie auf dem Markt von Bagdad aus 1001 Nacht. Und dann kommen wir an den Quai«* (Hessel, *Alter Mann*, 33).

Der das beschreibt, ist nie dort gewesen; der es ihn beschreiben lässt, oft. Er kannte es genau. Franz Hessel, Prototyp des literarischen Flaneurs im 20. Jahrhundert, fiel es leicht, sich vorzustellen, wie einer sich vorstellt, in Paris anzukommen. Er hat es oft erlebt.

Aber auch für den erfahrenen Besucher haben Rückkehren ihre Tücken. Als er in der ersten Nachkriegszeit eines ersten Weltkriegs wiederkehrt, macht er eine der unter Pariser

Ankünften seltensten Erfahrungen: nicht wiederzufinden, was er gekannt hatte. Die reale Ankunft nimmt Züge eines Traumbildes an, und lässt ihre Vorstellung in der Fiktion des in Berlin geschriebenen Romans als Abbild der Wirklichkeit erscheinen.

Davor aber steht eine kurze lebendige Begegnung mit dem Klischee der Stadt der Verführung.

*»Was suchen Sie denn?« sagte eine von der Ecke zu mir, die mich Alten so lächerlich stehen sah.*

*»Mein Hotel.«*

*»Wollen Sie nicht erst die Liebe machen?« fragte sie beruflich, aber freundlich.*

*Ich entschuldigte mich sehr höflich. Ach, gute Hure vom Bahnhofsviertel. Sie weiß noch nicht einmal, daß solche Kömmlinge wie ich höchstens den Gegenwert von zehn Reichsmark in der Tasche haben. Und davon leben müssen bis morgen, wenn niemand sie abholt.*

Aber nicht nur Geldmangel lässt ihn ausschlagen, was so viele Besucher hier suchen, und so selten finden. Die Bewohner der ›Stadt der Liebe‹, die echten Pariser nämlich sind prüde, und wenn sie es nicht sind, im Verborgenen. Die Grenzen der Frivolität überschreiten sie nur selten, und dann nur nach festen, in langer Tradition eingelebten Ritualen. Der Ankömmling ist schlicht zu müde von der Reise. Und während er nach dem aus früheren Aufenthalten vertrauten Hotel sucht, steigt die Erinnerung an eine echte Liebe auf.

*»Mein Hotel«, hatte ich gesagt. Ja, das mußte ich nun wohl suchen. Rue Denain, da mußte doch das kleine Hotel sein, wo ich damals ... Sie kam von Deutschland wieder, Hertha, die große Geliebte meiner wirklichsten Zeit. Ihr Zimmer erwartete sie gastbereit da drüben im Montparnasse. Und von meinem Zimmer im selben Montparnasse kam ich her, holte sie von der Bahn, und zwei Tage hausten wir, fern von unseren täglichen Tagen, nächtlich in dem stillen Hofzimmer des kleinen Hotels*

*Rue Denain, dem Zimmer, das eigentlich nur ein großes Bett mit greifnahem Tisch und Stuhl war. Auf dem Stuhl tickte manchmal meine Uhr in die Stille. Dann flüsterte es neben mir: »Wie spät mag es wohl sein?« Ich drehte das Licht an. „Viertel nach acht." – „Morgens oder abends?" – »Ich glaube abends. Hast du nicht Hunger? Wollen wir nicht hinübergehen in den Horse-shoe wie gestern nacht?« – »Ach, gib mir lieber erst eine Orange vom Tisch. Ich glaube, ich habe Durst.« Und dann wurde es wieder Mitternacht, bis wir in das kleine Gasthaus kamen.*

*Das muß doch hier auf der andern Seite sein. Ich finde es nicht. Ich finde auch das kleine Hotel nicht mehr. Wie hieß es denn? Ich glaube, einfach Hotel Denain, wie die Straße. Wir waren so froh und traurig, wie es die richtigen Liebespaare sind. Wir waren nichts als ein Paar, eins von den vielen in den vielen Kammern von Paris. Während einiger Jahre, vier, fünf Jahre, sind wir uns immer wieder begegnet, haben zusammen kleine Reisen gemacht.*

Die Suche bleibt erfolglos.

*Ich finde das Hotel nicht mehr. Ich geh zurück in das nächste da an dem Bahnplatz. Ich esse ein Sandwich am Schanktisch da im Bistro. Ich mag nicht mehr telephonieren. Hat Zeit bis morgen. Ich bin sehr müde. Ich bin sehr alt. Ich bin ein Fremder. Aber dies Paris ist ja die Heimat der Fremden und gut zum Schlafen gehen* (Hessel, »Letzte Heimkehr«, 16f.).

Am folgenden Morgen beginnt eine neue Gegenwart, die andere Erinnerungen zeitigen wird. Sie werden die vorletzten sein, die er an Paris bewahrt.

## Ins Zentrum der Weltgeschichte

*In memoriam Ulrich Sonnemann*

*Paris, den 31. März 1793*

*Ich bin vorgestern abend hier angekommen, liebe Frau. Gestern bin ich im Nationalkonvent gewesen, habe geredet, die Adresse des Mainzer Konvents (ebenfalls von meiner eignen Arbeit) unter vielfältigem Beifallklatschen abgelesen und dadurch bewirkt, dass die Einverleibung der von den Franzosen besetzten Rheingegend in die Frankenrepublik auf der Stelle per Akklamation dekretiert worden ist.*

Zwingend hatte es ihn an den Ort des gewaltigsten aller Anfänge gezogen, die die neuere Geschichte kennt. Georg Forster war nicht gekommen, weil Paris ihn interessierte –: *Von Paris kann ich Dir noch wenig sagen; ich habe außer Leuten, die auf mein Geschäft Bezug hatten, noch niemand besucht, noch gesehen* –; er war gekommen, um handelnder Teil der Umwälzung zu werden, die sich dort vollzog: eine Menschheitshoffnung mit zu artikulieren und an ihrer Verwirklichung mitzuwirken.

Und wurde ohne Aufschub sogleich der Fragwürdigkeiten des Geschehens inne, das er wie wenige begrüßte, und an ihm teilzuhaben strebte.

Schon im selben Brief heißt es: *Alles ist jetzt ruhig. Aber freilich sind die armen Franken schon wieder, wie im vorigen Jahr, von ihren eigenen Leuten, ihren Generalen, vielleicht sogar ihren Ministern verraten und verkauft worden. Alles ist entdeckt, alles kommt ans Licht. Desto besser vielleicht für die gute Sache der Freiheit, dass das Volk noch einmal aufsteht und seine Feinde durch die unwiderstehliche Macht seiner Masse zu Boden drückt* (Forster, *Briefe*, 839).

Im Zentrum des Orkans herrscht Stille. Für Georg Forster, den beobachtenden Mitakteur, wird sie zur Stille ernüchterndster Einsicht ins ungeheure Geschehen. An der drastischen Entzauberung der Ideale, für die er sein Leben einsetzt, an der Schäbigkeit der Wirklichkeit der Revolution, die er auch nach deren Entdeckung noch für unvermeidlich und notwendig hält, weil sie der Preis für das menschlich Fällige ist, wird er ebenso zugrunde gehen wie an Hunger, Erschöpfung und Einsamkeit. Einer der ersten modernen Geister, wird er die Hölle der Moderne in ihrem historischen Ursprungs-Labor kennenlernen.

Die Bereitschaft, um eines besseren Lebens willen das Unzumutbare als Preis wenn nicht anzuerkennen, so doch mitleidend hinzunehmen, macht ihn für das Unrecht, als das es auftritt, nicht nur nicht blind, sondern desto hellsichtiger.

*Alles gärt jetzt, aber es wird gewiß noch ein anderes Ende nehmen, als es die Aristokraten hofften. Freilich bleibt es bei meiner Behauptung, dass man die Revolution ja nicht in Beziehung auf Menschenglück und Unglück betrachten müsse, sondern als eins der großen Mittel des Schicksals, Veränderungen im Menschengeschlecht hervorzubringen. Ich bin so wenig vom Charakter der Franzosen erbaut als ihre Feinde und Verächter, aber ich erkenne neben ihren Mängeln und Fehlern auch das Gute, das sie haben, und sehe keine Nation einzeln als Ideal an* (5. April 1793, *Briefe*, 841).

Schnell schreitet die Ernüchterung voran. Kaum zwei Wochen später heißt es am 13. April 1793: *Je mehr man in die Geheimnisse der hiesigen Intrige eingeweihet – oder besser, je näher man mit dem ekelhaften Labyrinthe bekannt wird, worin sich hier alles windet und dreht, desto mehr kalte Philosophie bedarf man, um nicht an allem, was Tugend heißt, zu verzwei-*

*feln und um ruhig von der Gerechtigkeit des Schicksals einen glücklichen Ausgang zu erwarten. Es fehlte noch, dass mir die Überzeugung in die Hand käme, einem Undinge meine letzten Kräfte geopfert und mit redlichem Eifer für eine Sache gearbeitet zu haben, womit es sonst niemand aufrichtig meint, sondern die ein bloßer Deckmantel der rasendsten Leidenschaften ist! […]. Gewiß, es gehört Mut dazu, diese so fürchterlich sich aufdrängenden Betrachtungen zu ertragen und dann, in eigenes Bewusstsein verhüllt, noch an Menschheit und Wahrheit zu glauben* (a.a.O., 844f.).

Drei Tage später hat sich die Befremdung zum Abscheu gesteigert. Schon am 16. April 1793 schreibt er: *Ich die Geschichte dieser gräuelvollen Zeit schreiben? Ich kann es nicht. Oh, seitdem ich weiß, dass keine Tugend in der Revolution ist, ekelt mich's an. Ich konnte, fern von aller idealischen Träumerei, mit unvollkommnen Menschen zum Ziele gehen, unterwegs fallen und wieder aufstehen und wieder gehen. Aber mit Teufeln, und herzlosen Teufeln, wie sie hier alle sind, ist es mir eine Sünde an der Menschheit.*

Seine bittere Enttäuschung macht den Aufklärer weit über die Zeitgenossenschaft hinaus einsichtig. Er spricht als erster aus, was anderthalb Jahrhunderte später im Rückblick auf ihr Scheitern die ›Dialektik der Aufklärung‹ genannt werden wird. *Allein diese Enthaltsamkeit, diese Achtung für die Rechte des andern, welche dem Philosophen so natürlich ist, findet in der wirklichen Welt noch nicht statt; sie ist noch nicht reif dazu – und die Herrschaft, oder besser, die Tyrannei der Vernunft, vielleicht die eisernste von allen, steht der Welt noch bevor. Wenn die Menschen erst die ganze Wirksamkeit dieses Instrumentes kennenlernen, welch eine Hölle um sich her werden sie damit schaffen! Je edler das Ding und je allmächtiger, desto fürchterlicher und teuflischer ist der Missbrauch* (*Briefe*, 847f.).

Inmitten der Erfahrung dessen, was sich als politische Verwirklichung der Vernunft ausgibt, gelingt dem Aufklärer, der es auf diese Umsetzung des Gedankens in die Wirklichkeit des Lebens angelegt hat, der letzte Schritt zur Vollendung der Aufklärung: die selbstkritische Begrenzung der praktischen Vernunft. *Brand und Überschwemmung, die schädlichen Wirkungen von Feuer und Wasser, sind nichts gegen das Unheil, das die Vernunft stiften wird – wohl zu merken, die Vernunft ohne Gefühl, wie sie nach den Merkmalen dieser Zeit uns bevorsteht, bis endlich einmal, wenn die Welt nicht wirklich das Werk des Ungefähren oder das Spiel eines Teufels ist, eine allgemeine Simplizität der Sitten, Beschäftigungen, Wünsche und Befriedigungen, eine Reinheit der Empfindung und eine Mäßigung des Vernunftgebrauches aus allen diesen Revolutionen hervorkeimt und ein Reich der Liebe beginnt, wie es sich gute Schwärmer von den Kindern Gottes träumten* (*Briefe*, 848).

So sehr Forster sich auch beeilt, zu versichern, es sei *nicht Bitterkeit, was mich so sprechen läßt*, so sehr er auch am gesellschaftlichen Leben teilnimmt, soweit seine Mittellosigkeit es ihm eben gestattet, und er fast im gleichen Atemzug mit Begeisterung von einer Opernaufführung berichten kann, *wo die Tanz- und Dekorationskunst alle ihre Erfindung erschöpft zu haben scheint, um einen theatralischen Zauber hervorzubringen, der nirgends in der Welt, als in Paris, und hier noch nie zuvor in dem Grade hervorgebracht worden sein kann* (*Briefe*, 849), so wenig lässt sich übersehen, wie seine Einsicht den Prozess seiner Vereinsamung beschleunigt. Schutzlos wird er dem Elend ausgeliefert, von der Fülle des Lebens umgeben, und dennoch von ihr ausgeschlossen sein. Nirgendwo sonst wird die schlimmste Fremde so unbeschönigt erfahren wie in Paris, das alles hat und bietet, was einer sich nur wünschen kann, und das Gegenteil von allem.

Auch diese Erfahrung wird ihm zum Gedanken. Sie verwandelt den Aufklärer in einen empirischen Sozialphilosophen der pessimistischsten Art, mit gleichwohl unbeirrter Hoffnung, die Vernunft könne sich darin vollenden, dass sie ihre Unzulänglichkeiten erkennt und selbst behebt.

*Allein in diesem ungeheuren Strudel wird jetzt das Individuum verschlungen, das keinen Rückhalt hat, um sich geltend zu machen und vor allem keine Unverschämtheit und Zudringlichkeit. Kurz, zum ersten Mal in meinem Leben helfen mir alle meine Hülfsmittel nichts, und ich stehe so verlassen da wie ein Kind, das keine Kräfte hat, sich selbst zu ernähren* (*Briefe*, 851: 27. April 1793).

Urgestalt des deutschen politischen Intellektuellen, der scheitert, weil er die Ideen ernst nimmt, statt sich mit ihrer Ideologie zu arrangieren, erfährt Forster als einer der ersten ungemildert die äußerste Konsequenz der kommenden Moderne. Der Preis der Freiheit ist die Gleichheit, die das Individuum in der Masse untergehen lässt.

*Wie ich heute einsam im palais royal auf und ab ging, kamen mir unwillkürlich die Tränen in die Augen, dass ich nun auf mein Zimmer zurückkehren sollte und in der unendlich großen Stadt keinen Menschen hätte, der sich im mindesten um mich bekümmerte, keinen, der Anteil an mir nähme und dem es nicht völlig gleichgiltig wäre, wenn ich morgen verschwände!* (*Briefe*, 853: 4. Mai 1793).

Auf das Scheitern seiner Ankunft im Zentrum der Weltgeschichte reagiert er mit dem Wunsch nach einer anderen Reise zu anderer Ankunft.

*Hätte ich meine Sachen aus Mainz hier, ich wäre froh! Ich würde mir eine Reisebibliothek nach Indien und meinen Malerkasten und mein schönes Zeichenpapier mitnehmen. Nach Indien! – Du siehst, dass ich mich ernsthaft mit dieser Idee beschäftige. Ich einigen Tagen fange ich an, persisch zu lernen. Kleinigkeit! Womit ich in sechs oder acht Wochen so weit sein will, dass ich ohne Hilfe fortkommen kann. Hätt' ich nur auf den Fall, dass ich gehen könnte, einen Gefährten in meinem Sinn und einen brauchbaren Bedienten für eine solche Reise* (*Briefe*, 11. Mai 1793, 857).

Von ihm sollte es keine ›Lettres Persanes‹ geben. Forster hat Paris nicht mehr verlassen. Die erwartete Erfüllung seiner größten Sehnsucht wurde zum letzten Unglück seines Lebens, dessen Ende er inmitten des Geschehens erlitt, das ihn als welthistorisch realer Akt jener ›Beförderung der Humanität‹ unwiderstehlich herbeigerufen hatte, die die Aufklärung sich von der Geschichte versprach.

**6** *Jump for*

## Selbstverloren auf der ›Schule der Welt‹

Wenige haben sich selbst so obsessiv gesucht, wenige sind darin so gescheitert wie er. Jeder erlebt seine Krisen; Heinrichs von Kleist Leben war eine einzige Krise. Besessen von der Idee, einen ›Lebensplan‹ haben und ausführen zu müssen, dabei schwankend zwischen den existentiellen Vorgaben seines Standes, die seinen Neigungen widersprechen, versucht er, sich zu dem zu zwingen, was von ihm erwartet wird. Zerrissen zwischen Rebellion und Zuversicht, Depression und Ermutigung, blockiert ihn die ständige Selbstreflexion, zu der sein preußisches Pflichtgefühl ihn nötigt, das die Kenntnis der Philosophie Kants bekräftigt, wie sein Anspruch, ihr gerecht zu werden, ihn überfordert.

Das Denken, dem er als Gebieter der Lebensführung vertraut, entzieht seinen Bemühungen, sich denkend in der Welt einzurichten, den Boden. *Wir können nicht entscheiden, ob das, was wir Wahrheit nennen* – die für ihn Synonym der Pflicht ist –, *wahrhaft Wahrheit ist, oder ob es uns nur so scheint*, schreibt er am 22. März 1801 aus Berlin an Wilhelmine von Zenge, die Frau, die er zu seiner Braut gewählt hat, nicht, weil er sie liebte, sondern weil es zu seinem pflichtbewussten ›Lebensplan‹ gehört. *Ach, Wilhelmine, wenn die Spitze dieses Gedankens Dein Herz nicht trifft, so lächle nicht über einen andern, der sich tief in seinem heiligsten Innern davon verwundet fühlt. Mein einziges, mein höchstes Ziel ist gesunken, und ich habe nun keines mehr.*

Versuche, zu arbeiten, schlagen fehl, denn *ein innerlicher Ekel überwältigte meinen Willen.* Auch Bemühungen der Freunde, zu denen er nach Potsdam wandert, ihn durch Ablenkung zu beruhigen, ihn aus seiner ›Kantkrise‹ zu befreien, fruchten nicht. *In dieser Angst fiel mir ein Gedanke ein. Liebe Wilhelmine, laß mich reisen. (…). Die Bewegung auf der Reise wird mir zuträglicher sein, als dieses Brüten auf einem Flecke. Ist es eine Verirrung, so läßt sie sich vergüten, und schützt mich vor einer andern, die vielleicht unwiderruflich wäre. Sobald ich einen Gedanken ersonnen habe, der mich tröstet, sobald ich einen Zweck gefaßt habe, nach dem ich wieder streben kann, so kehre ich um, ich schwöre es Dir* (*Sinnliche Werke*, II, 634f.).

Von Kants Erkenntniskritik überwältigt, wie kaum jemals einer vom Denken eines anderen erschüttert wurde, desorientiert in seinen von innerem Widerstand gegen die Gesellschaft behinderten Versuchen, in ihr einen Platz einzunehmen, den sein Stand von ihm verlangt, beginnt er mit der Schwester Ulrike die erwünschte Reise, die ihn schließlich im Sommer 1801 nach Paris führt. Dort hofft er, innere Ruhe und Klarheit wiederzufinden, seinen Lebensplan endlich neu aufstellen und mit dessen Umsetzung beginnen zu können. *In Paris werde ich schon das Studium der Naturwissenschaft fortsetzen müssen, und so werde ich wohl am Ende noch wieder in das alte Gleis kommen, vielleicht auch nicht, wer kann das wissen – Ich bin an lauter Pariser Gelehrten adressiert, und die lassen einen nicht fort, ohne daß man etwas von ihnen lernt*, hatte er Wilhelmine am 3. Juni 1801 aus Göttingen mitgeteilt.

Stattdessen wird seine Dauerkrise zermürbend akut. Nichts von dem, was er ruhelos erwägt, kann ihn überzeugen. Weder, was sich ihm bietet, noch, was er dagegensetzt, will ihm entsprechen. Auch ihm vermittelt Paris Selbstbegegnung. Aber sie wird das Gegenteil dessen, was er hier zu finden hoffte. Die erwünschte Belebung bleibt aus. Er ahnt es, noch bevor er eingetroffen ist. Vorweg verzagend, schreibt er aus

Straßburg am 28. Juni 1801: *Ach, Wilhelmine, von der einen Seite ist es mir lieb, endlich einmal wieder ein wenig zur Ruhe zu kommen, von der andern ist es mir, als ob sich mein Herz vor der Stadt, die ich betreten soll, sträubte. – Noch habe ich von den Franzosen nichts, als ihre Greuel und ihre Laster kennen gelernt – Und die Toren werden denken, man komme nach Paris, um ihre Sitten abzulernen!* (a.a.O., 659).

Keine Vorfreude, nicht einmal neutrale Erwartung, treibt ihn an, bange Vorahnung will ihn zurückschrecken lassen. *Mir war zuweilen auf dieser Reise, als ob ich meinem Abgrunde entgegenginge*, muss Wilhelmine lesen, die Braut, die keine sein wird (21. Juli 1801, a.a.O., 667).

Angekommen, berichtet er Karoline von Schlieben weniger davon, was er in Paris erlebt, als von seiner Sehnsucht nach Dresden, *das holde, liebe Tal (...), das mehr (...) Heimat ist, als das stolze, ungezügelte, ungeheure Paris*, das die Todesneigung, die am Grund seiner Emotionen lauert, weckt. *Ach, es muß öde und leer und traurig sein, später zu sterben, als das Herz – Aber noch lebt es – Zwar hier in Paris ist es so gut, als tot. Wenn ich das Fenster öffne, so sehe ich nichts, als die blasse, matte, fade Stadt, mit ihren hohen, grauen Schieferdächern und ihren ungestalteten Schornsteinen, ein wenig die Spitzen der Tuilerieen, und lauter Menschen, die man vergißt, wenn sie um die Ecke sind. Noch kenne ich wenige von ihnen, ich liebe noch keinen, und weiß nicht, ob ich einen lieben werde* (a.a.O., 660ff.). Er wird es nicht.

Aber Pläne sind einzuhalten. So hat er trotz allem beschlossen, *daß ich wenigstens ein Jahr hier bleiben werde, das Studium der Naturwissenschaft auf dieser Schule der Welt fortzusetzen* (a.a.O., 665). So bedrückt er ist, so sehr ermahnt er sich immer wieder, in einer endlosen Schleife einander abwechselnder Niedergeschlagenheit und Selbstaufrichtung gefangen. *Ich hoffe auf etwas Gutes, doch bin ich auf das Schlimmste gefaßt. Freude gibt es ja doch auf jedem Lebenswege, selbst das*

*Bitterste ist doch auf kurze Augenblicke süß. Wenn nur der Grund recht dunkel ist, so sind auch matte Farben hell* (a.a.O.).

An Paris wird er nichts Gutes finden.

*Als ich in mein Vaterland war, war ich oft in Paris, und nun ich in Paris bin, bin ich fast immer in mein Vaterland*, berichtet er am 29. Juli an Adolfine von Werdeck. *Zuweilen gehe ich, mit offnen Augen durch die Stadt, und sehe – viel Lächerliches, noch mehr Abscheuliches, und hin und wieder etwas Schönes. Ich gehe durch die langen, krummen, engen, mit Kot oder Staub überdeckten, von tausend widerlichen Gerüchen duftenden Straßen, an den schmalen, aber hohen Häusern entlang, die sechsfache Stockwerke tragen, gleichsam den Ort zu vervielfachen, ich winde mich durch einen Haufen von Menschen, welche schreien, laufen, keuchen, einander schieben, stoßen und umdrehen, ohne es übelzunehmen, ich sehe jemanden an, er sieht mich wieder an, ich frage ihn ein paar Worte, er antwortet mir höflich, ich werde warm, er ennuyiert sich, wir sind einander herzlich satt, er empfiehlt sich, ich verbeuge mich, und wir haben uns beide vergessen, sobald wir um die Ecke sind.*

Dem Louvre gewinnt er so wenig ab wie dem Palais Royal, *wo man ganz Paris kennen lernen kann, mit allen seinen Greueln und sogenannten Freuden – Es ist kein sinnliches Bedürfnis, das hier nicht bis zum Ekel befriedigt, keine Tugend, die hier nicht mit Frechheit verspottet, keine Infamie, die hier nicht nach Prinzipien begangen würde – Noch schrecklicher ist der Anblick des Platzes der Halle au bléd, wo auch der letzte Zügel gesunken ist – Dann ist es Abend, dann habe ich ein brennendes Bedürfnis, das alles aus den Augen zu verlieren, alle diese Dächer und Schornsteine und alle diese Abscheulichkeiten, und nichts zu sehen, als rundum den Himmel – aber gibt es einen Ort in dieser Stadt, wo man ihrer nicht gewahr würde?* (a.a.O., 677ff.).

In derselben Stimmung, einen Monat später, am 16. August, an Luise von Zenge, die Pseudo-Schwägerin in spe: *Verrat, Mord und Diebstahl sind hier ganz unbedeutende Dinge, deren Nachricht niemanden affiziert. Ein Ehebruch des Vaters mit der Tochter, des Sohnes mit der Mutter, ein Totschlag unter Freunden und Anverwandten sind Dinge, dont on a eu d'exemple, und die der Nachbar kaum des Anhörens würdigt* (a.a.O., 686).

Das Einzige, was er von seiner moralischen Empörung ausnimmt und sogar bewundert, ist die Kunst der Konversation, auf die man sich hier inmitten einer allgemeinen lebensfeindlichen Gleichgültigkeit verstehe. *Der Deutsche spricht mit Verstand, der Franzose mit Witz. Das Gespräch des erstern ist wie eine Reise zum Nutzen, das Gespräch des andern wie ein Spaziergang zum Vergnügen. Der Deutsche geht um das Ding herum, der Franzose fängt den Lichtstrahl auf, den es ihm zuwirft, und geht vorüber* (a.a.O., 687).

So sehr ihn alles abschreckt, so unberührt bleibt davon sein Wille, daraus für seine Selbstvergewisserung Nutzen zu ziehen. Die haltlos generalisierte Ablehnung steigert sich bis zum Umschlag in die ersehnte Selbstaufklärung. Und fast scheint es zu gelingen. In einem Anflug von Erleichterung, als hätte er den Schlüssel zur Lösung seiner Lebensproblematik gefunden, bekommt Wilhelmine im Oktober zu lesen: *Ein großes Bedürfnis ist in mir rege geworden, ohne dessen Befriedigung ich niemals glücklich sein werde: es ist dieses, e t w a s G u t e s z u t u n. Ja, ich glaube fast, daß dieses Bedürfnis bis jetzt immer meiner Trauer dunkel zum Grunde lag, und daß ich mich jetzt seiner bloß deutlich bewußt geworden bin. Es liegt eine Schuld auf dem Menschen, die, wie eine Ehrenschuld, jeden, der Ehrgefühl hat, unaufhörlich mahnt. (...). Kurz, es steht fest beschlossen in meiner Seele: ich will diese Schuld abtragen* (a.a.O., 692).

Mit diesem Gedanken kommt es zum Durchbruch zu unbeschönigter Selbsterkenntnis. Er nimmt nicht mehr nur leidend hin, dass er so anders ist als alle Welt von ihm erwartet, er erkennt es als sein Selbst an. *Eine Reihe von Jahren, in welchen ich über die Welt im großen frei denken konnte, hat mich dem, was die Menschen Welt nennen, sehr unähnlich gemacht. Manches, was die Menschen ehrwürdig nennen, ist es mir nicht, vieles, was ihnen verächtlich scheint, ist es mir nicht. Ich trage eine innere Vorschrift in der Brust, gegen welche alle äußern, und wenn sie ein König unterschrieben hätte, nichtswürdig sind. Daher fühle ich mich ganz unfähig, mich in irgend ein konventionelles Verhältnis zur Welt zu passen. Ich finde viele ihrer Einrichtungen so wenig meinem Sinn gemäß, daß es mir unmöglich wäre, zu ihrer Erhaltung oder Ausbildung mitzuwirken. Dabei wüßte ich doch oft nichts Besseres an ihre Stelle zu setzen* (a.a.O., 692).

Hellsichtig hat er seine konstitutionelle Unfähigkeit, zu existieren, erkannt, das Pathos der Selbstzermürbung ausgesetzt.

Wie aber dann jener Erleuchtung, die die Abneigung gegen alles, was Paris ihm bietet, eingab, folgen, und den Willen, Gutes zu tun, in die Tat umsetzen? Die Wissenschaften, zu deren Studium herzukommen er sich eingebildet hatte, können das Mittel dazu nicht mehr sein. Auch von ihnen hat er sich, erkenntniskritisch aufgeklärt, abgewandt. *Ja, wenn wir den ganzen Zusammenhang der Dinge einsehen könnten! Aber ist nicht der Anfang und das Ende jeder Wissenschaft in Dunkel gehüllt? Oder soll ich alle diese Fähigkeiten, und alle diese Kräfte und dieses ganze Leben nur dazu anwenden, eine Insektengattung kennen zu lernen, oder einer Pflanze ihren Platz in der Reihe der Dinge anzuweisen? Ach, mich ekelt vor dieser Einseitigkeit.*

Auf Unbedingtheit eingestellt, verlangt er nach dem Unmöglichen, das das Mögliche wertlos macht. Sinnlos lebensfremd erscheint ihm nun das Treiben der Gelehrten. *Ich glaube, daß Newton an dem Busen eines Mädchens nichts anderes sah, als seine krumme Linie, und daß ihm an ihrem Herzen nichts merkwürdig war, als sein Kubikinhalt. Bei den Küssen seines Weibes denkt ein echter Chemiker nichts, als daß ihr Atem Stickgas und Kohlenstoffgas ist. Wenn die Sonne glühend über den Horizont heraufsteigt, so fällt ihm weiter nichts ein, als daß sie eigentlich noch nicht da ist.*

Dem setzt er die Poesie der Welterscheinungen entgegen, die der Forscher nicht kennt. *Er sieht bloß das Insekt, nicht die Erde, die es trägt, und wenn der bunte Holzspecht an die Fichte klopft, oder im Wipfel der Eiche die wilde Taube zärtlich girrt, so fällt ihm bloß ein, wie gut sie sich ausnehmen würden, wenn sie ausgestopft wären* (a.a.O., 679).

Was dann? Wenn auch *das Bücherschreiben für Geld* nicht in Frage kommt (a.a.O., 694)? Worauf er verfällt, ist seinem adligen Stand so gemäß wie seiner Person fremd – er will ein Bauer werden. Wie muss es seine Wilhelmine befremdet haben, zu lesen, was er ihr am 10. Oktober schrieb. *Ein Ausweg bleibt mir übrig, zu dem mich zugleich Neigung und Notwendigkeit führen. – Weißt Du, was die alten Männer tun, wenn sie 50 Jahre lang um Reichtümer und Ehrenstellen gebuhlt haben? Sie lassen sich auf einen Herd nieder, und bebauen ein Feld. Dann, und dann erst, nennen sie sich weise. – Sage mir, könnte man nicht klüger sein, als sie, und früher dahin gehen, wohin man am Ende doch soll? – Unter den persischen Magiern gab es ein religiöses Gesetz: ein Mensch könne nichts der Gottheit Wohlgefälligeres tun, als dieses, ein Feld zu bebauen, einen Baum zu pflanzen, und ein Kind zu zeugen. – Das nenne ich Weisheit, und keine Wahrheit hat noch so tief in meine Seele gegriffen, als diese. D a s soll ich tun, das weiß ich b e s t i m m t* (a.a.O., 694). Kurz: *Ich will im eigentlichen Verstande e i n B a u e r werden, mit einem etwas wohlklingenderen Worte, ein Landmann* (a.a.O., 695).

Zu nichts davon ist er geeignet, nichts davon wird er tun. Der Ausweg aus seinen Unfähigkeiten, einen Platz weder in der Armee, noch der Verwaltung, weder in der Wissenschaft, noch im Literatentum für Geld und Publikum zu finden, bleibt Illusion. Ein bloßer Gedanke, so überspannt wie seine Empfindsamkeit, die ihn in allem bestimmt. Ihrer selbst gewiss, wird Wilhelmine es nur ablehnen können, mit ihm als Bäuerin in der Schweiz zu siedeln. Er ahnt es wohl, seinem verzweiflungsvollen Enthusiasmus ist die Skepsis schon beigemischt. *Ich werde nichts Entscheidendes unternehmen, bis ich Nachricht von Dir erhalten habe. Auch wenn aus der Ausführung des Planes nichts werden sollte, ist es mir doch lieb, aus dieser Stadt zu kommen, von der ich fast sagen möchte, daß sie mir ekelhaft ist* (a.a.O., 698).

Die Selbstbekräftigung, die Paris so vielen schenkte, bleibt ihm versagt. Er kam, um zu sich zu kommen; er geht im Selbstbetrug, sich entdeckt zu haben. Und ist in einem Moment unverstellter Selbsterkenntnis sich selbst begegnet.

Die Reise, die ihn am verachteten Ort mit seiner Ortlosigkeit bekannt gemacht hat, setzt er fort. Bis er die letzte Konsequenz aus ihr endgültig ziehen wird.

## Ein zerrissener Mantel

Von Hamburg mit dem Schiff nach Le Havre und von dort weiter über Rouen mit der Eisenbahn angereist, trifft Friedrich Hebbel am 14. September 1843 in Paris ein.

Am 16. berichtet er an Elise Lensing, die in Hamburg zurückgebliebene Un-Geliebte.

*Um halb 11 Uhr, in finstrer Nacht, erreichten wir Paris. In Havre hatten wir mit der Douane den ersten Kampf bestanden; hier galt es den zweiten. Denke Dir etwa 200 Menschen, die alle ihre Koffer und Nachtsäcke haben wollen, und etwa 7 bis 8 Zollbedienten, die in der höchsten Eile die Visitation besorgen müssen. Es war ein förmliches Handgemenge, in welchem ich meinen Mantel zerriß.*

*Wir ließen uns ins Hôtel de Manchestre, Rue Grammont, führen, wo uns ein großer Salon mit drei daranstoßenden Schlafkabinetten angewiesen wurde. Dies war aber auch alles, denn ein französisches Hotel ist nicht wie ein deutsches, wo man außer dem Bett auch noch einen wohlbesetzten Tisch erhalten kann. Wer essen will, muß zum Restaurant gehen, wer Kaffee zu trinken wünscht, muß sich aus der Restauration ins Café begeben. Wir gingen also noch aus, und ich betrat die Boulevards zum erstenmal. Sie waren nicht mehr sehr belebt, und ich suchte mir bloß ein Kaffeehaus, wo ich meinen brennenden Durst löschen konnte. Es war bald gefunden, und ich hatte das Vergnügen, für ein Glas Limonade 12 Sous (6 Schilling) zu bezahlen. Wir saßen bis 12 Uhr und verfügten uns dann wieder ins Hotel, wo ich die Nacht ruhig, d.h. ohne von Wanzen geplagt zu werden, wie in Havre, verschlief.*

*Am nächsten Morgen trank ich mit meinen Gefährten Kaffee in der Rue Montmartre. Dann trennte ich mich von ihnen und sah sie nicht wieder. Ich ging über die Boulevards, um den Bahnhof aufzusuchen und nach St. Germain zu fahren. Über die Pracht der Boulevards und über das Leben, das in ihnen hin und her wogt, kann niemand zuviel sagen. Etwas Großartigeres hat man selbst in Babylon nicht sehen können. Ehe ich mich's versah, war ich in eine Straße hineingeraten, in deren Mitte ich die Vendôme-Säule erblickte. Da sich Napoleon mir in den Weg stellte, wollte ich ihn nicht vorbeigehen und lenkte meine Schritte auf die Säule zu. Sie ist einfach und grandios. Mir war eigen zumute, als ich die erste Spur des ›Mannes‹ erblickte. So gewiß das Leben mehr ist, als sein Schatten, so gewiß ist es größer, der Poesie Stoff zu geben, als Poesie zu machen. Ich empfand das sehr lebhaft. Auf dem Tuilerienplatz führte mein guter Stern mich einem Omnibus entgegen, der die Passagiere, die nach St. Germain, St. Cloud und Versailles wollen, alle Stunde nach dem Bahnhof bringt. Sonst hätte ich noch lange umherirren können. Nun fuhr ich auf der Eisenbahn nach St. Germain* (Hebbel, *Briefe*, 205–207).

Angekommen, muss er feststellen, dass ihm eine Verwechslung unterlaufen ist. Er befindet sich nicht im schon damals legendären St. Germain des Prés. Stattdessen in dem Städtchen St. Germain en Laye. Erschöpft und enttäuscht, notiert Hebbel dort am 20. September 1843 ins Tagebuch: *Am 8ten reisete ich von Hamburg ab, am 12ten Abends spät kam ich in Paris an. Ich befinde mich hier im allerhöchsten Grade unbehaglich, und ich glaube nicht, daß dies sich ändern wird* (Hebbel, *Tagebücher*, 270). Das Missgeschick, Paris gleich wieder verlassen zu haben, kaum dass er angekommen war, steigert das ihn sein Leben lang begleitende Empfinden eigener Lebensuntüchtigkeit zur Resignation.

In Paris wirklich ankommen wird nur, wer sich dessen nicht sicher ist. Mit Gewissheit verfehlen wird es, wer glaubt, seine Zwecke, die ihn hinführten, nicht verfehlen zu können. Paris erschließt sich auf Umwegen. Es zwingt einen wie zu einer initiatorischen Demutsübung dazu, es wieder zu verlassen, kaum dass man es erreichte. Nur, wer sich dem nicht widersetzt, wird eines Tages tatsächlich ankommen. Es ist die größte Illusion, die sein Mythos weckt, die seine Wirklichkeit sofort bricht, es reiche, in der Stadt eingetroffen zu sein, um da zu sein.

Ein Jahr später, am 26. September 1844, vermerkt Hebbels Tagebuch: *22 Jahre auf einem Fleck in Dithmarschen und jetzt doch im Begriff, nach Rom zu gehen! Es ist wie ein Traum! Ich fuhr mit diesem Gedanken aus dem Schlaf auf, sprang aus dem Bett und kleidete mich an. Heute Nachmittag um 5 reise ich. Es war ein Paar Tage Regenwetter, aber jetzt scheint die Sonne wieder so freundlich, als wollte sie mir die Stadt, die ich verlassen muß, noch einmal im glänzendsten Licht zeigen, damit ich sie nicht vergesse. Das ist unnöthig, Paris wird immer der Mittelpunct aller meiner Wünsche bleiben. Lebe wohl, Du schöne, herrliche Stadt, die mich so gastfreundlich aufnahm! Empfange meinen wärmsten Segen! Blühe länger, als alle Städte der Welt zusammen genommen!* (a.a.O., 440).

Er hatte die richtige Antwort auf die verfehlte erste Ankunft gefunden. Indem er die scheinbare Abweisung annahm, ohne sie hinzunehmen, sondern ihr entschlossen eine zweite folgen ließ, hatte er die Bedingung jener Verwandlung der Gleichgültigkeit in Aufnahme erfüllt. Diese sollte ihm nicht vorenthalten werden. Indem die Stadt sich ihm wandelte, hatte seine Lebensverwandlung beginnen können. Sie hatte ihn sich selbst nähergebracht.

## Auf den Weg gebracht

Künstler werden diese Erfahrung immer wieder machen.

*Als wir sahen, dass es Ernst wurde mit dem Ankommen in Paris, zogen wir unsere bereitgehaltenen Glacés an und meinten nicht anders, als sie erst beim Verlassen der Stadt wieder abstreifen zu dürfen*, erinnert Ernst Barlach sich in seinem autobiografischen Fragment *Ein selbsterzähltes Leben.*

*Wir hatten uns arg vertan, aber Fremdheit schlug uns doch entgegen und machte unsern Atem kurz. Hierin ungleich meiner Mutter, der das Abbrechen der Zelte jederzeit so leicht wurde wie das Aufstellen, fühle ich an fast jedem neuen Ort Wurzeln wachsen, deren Abreißen weh tut, so geschah es auch mit Paris* (Barlach, *Leben*, 45f.).

Ohne besondere Erwartungen gekommen, die desto stärker von dem ablenken, was sie erfüllen könnte, je größer sie sind, hat er Glück, und, mit freier Aufmerksamkeit in ihr Getriebe eintauchend, öffnet die Stadt sich ihm.

*Es hat nicht lange gewährt, da entwöhnte ich mich des Fremdseins und nahm willig die Nahrung an, die Paris mir bot.*

*Es wird mir leicht, Vertrauen zu fassen, und ich fühle mich bald am rechten Ort zwischen Straßen, Plätzen, Ufern und herrlich gefassten Weiten. Wie die Strömung des gedehnten Raums, die denk- und schaubar gemachte Ungestalt der vier Windrichtungen, wie die Leere, die durch Begrenzung Fülle wird, mich einsogen und anglichen, so geschah es im Geklüft des Louvre, das mich verschlang und tage-, wochen-, monatelang behielt. Ich ging da um wie der unvermeidliche Hausgeist, eingefleischt, zugehörig und des Dings gewohnt, wie eine Ratte ihres Lochs, oft nur eines Bewusstseins, ›heim‹ zu sein, froh* (47f.).

Sich ganz dem überlassend, was die Stadt ihm von dem bietet, was ihn ureigen angeht, verschont sie ihn mit der kühlen Gleichgültigkeit, die sie dem Fremden entgegenbringt. Mehr noch: sie teilt ihm die ihr selbst eigene Gelassenheit im Umgang mit den Lebenslasten mit.

*Paris entließ mich im Frühling 1896 ein bisschen frisiert. Der Bocksbart, den ich schon in Dresden kultivierte, war gewachsen, wie bei Garbers und so manchem Bildhauer und Maler unseres Kreises. Die Kameradschaft, der ich mich angemengt, hatte mir wohl etwas Landläufiges mitgeteilt – der Thüringer Wald, wohin ich mich zunächst wandte, ebenso wie meine Mutter, staunten nicht über solche Belanglosigkeit, ich war mir übrigens gründlich gleichgeblieben, hatte bitterwenig gelernt und gar nichts vergessen. Ich fuhr, als sollte es nur immer so weiter gehen, fort, am Geisterroman zu schreiben, trieb mich umher, hing wie ein frischer Schinken und räucherte an in der langsam garmachenden Zeit und bewies, da der Knüppel beim Hund lag, eine gleichbleibende Hartnäckigkeit im Beschicken von Redaktionen mit Zeichnungen, denn mein Geld war verbraucht, und die Sorge, die ich selbst ernstlich nicht kannte, begann meine Mutter zu beunruhigen* (51).

Beinahe, als wäre nichts gewesen. Aber nur beinahe. So wenig gewesen sein mochte, es besaß Gewicht und Rang, und würde nachwirken in den Tiefen des Selbstbildungsgeschehens. Derselbe geblieben zu sein, konnte in der Erfahrung, die Fremde überwunden, und sich auf Zeit zum Teil eines anderen Lebens gemacht zu haben, nur heißen, sich selbst als der einem aufgegebene Andere ein gutes Stück näher gekommen zu sein.

Diesem auf sich selbst hin werdenden Künstler war es gelungen, das Ankommen in Paris zum Dortsein zu überschreiten.

**7** *Lost colours*

## Auf der Akademie der Welt

*Das ist der Ort für Schriftsteller, Denker, Dichter. Hier allein gedeiht der Ruhm, und ich kenne die schönen Früchte, die er heutzutage hervorbringt. Hier allein können die Schriftsteller in den Museen und Sammlungen die lebendigen Werke der Geister der Vergangenheit finden, die die Phantasie erwärmen und anregen. Hier allein bieten die riesigen Bibliotheken, die immer geöffnet sind, dem Geiste Nahrung und Belehrung. In Paris endlich liegt in der Luft und in den geringsten Kleinigkeiten ein Geist, der eingeatmet wird und sich in den literarischen Schöpfungen ausprägt. Man lernt in einer halben Stunde durch ein Gespräch im Café oder im Theater mehr als in der Provinz in zehn Jahren. Über die Maßen billig, unglaublich teuer: Das ist Paris. Hier findet jede Biene ihre Wabe, jede Seele eignet sich an, was zu ihr gehört. Ich habe also in diesem Augenblick manches zu leiden, aber nichts zu bereuen. Im Gegenteil, eine schöne Zukunft tut sich vor mir auf und erquickt mein Herz, das für einen Augenblick im Schmerz untergetaucht war.*

Honoré de Balzac, *Verlorene Illusionen*

*Inzwischen beachten wir, dass wir von Paris nach wie vor in allen Angelegenheiten der Form abhängen – und abhängen müssen: denn bis jetzt giebt es keine deutsche originale Kultur.*

Friedrich Nietzsche, *Unzeitgemäße Betrachtungen I*

## Diverse Kater

Noch *In der Bahn* schreibt die junge Malerin Paula Modersohn-Becker am 1. Januar 1900 an ihre Familie: *eine Stunde vor Paris und mein Herz voller Erwartung. Die Zeit ist mir nicht lang geworden, trotz der Stunde, die ich an der belgischen Grenze meine Uhr zurückstellen mußte*, und beendet ihren ersten Brief: *So nun bin ich glücklich in meinem Boulevard Raspail. Bis jetzt habe ich noch einen Horror vor der großen Stadt und ein scheußliches Ameisengefühl steigt in mir auf. Als ich in der klapprigen Droschke saß und der Kerl immer fuhr und fuhr, war mir zumut, als sollte ich nun mein ganzes Leben in dieser rumpeligen Droschke fahren. Aber endlich landete ich. Mich empfing die schwarzgekleidete rotbäckige Wirtin, die nach dem ersten Eindruck zu urteilen Menschlichkeit im Busen trägt. Fünf schmale Treppen führten mich in mein Zimmerlein. Es ist nicht viel über ein Bett lang und anderthalb Betteslänge breit. Das Ganze ist geblümt und sieht beim Scheine meines Stearinkerzleins nicht überschmutzig aus. Gute Nacht* (Modersohn, 89f.).

Sie absolviert die klassische Karriere der Ankunft in Paris. Größe und Wucht der Stadt lassen verzagen, und das mitgebrachte Selbstbewusstsein vergeht. Inmitten der Masse schrumpft das Ich ins Insektenhafte. So grandios die Umgebung, so klein und hässlich zeigt sich die Unterkunft. Nicht überschmutzig; schmutzig zwar, aber nicht so sehr, dass man es nicht aushalten könnte. Und dazu, es auszuhalten, entschließt sie sich, in traurigem Trotz.

*Der Brief ist wohl ein wenig verworren. Das macht Paris. Wißt, das ist eine Haut, in die man nicht gleich hineinwächst. Es gibt sich nicht gleich. Ich ringe mit ihm. Aber ich lasse es nicht, es segne mich denn* (a.a.O., 94).

Mit dem Eigensinn schwindet die Zuversicht, und Skepsis tritt an ihre Stelle. *Im ganzen stimmt Paris mich ernst. Es gibt hier so viel Trauriges. Und das, was für die Pariser lustig sein soll, das ist das Allertraurigste.* Was als Verheißung lockte, stellt alles in Frage: *Welches von diesen ist das Leben? Das wahre?* (a.a.O., 95).

So bleibt Heimweh nicht aus. *Ich sehne mich manchmal nach einem Moorspaziergang. Dennoch genieße ich meine Zeit, nehme viel in mich auf und komme weiter* (a.a.O., 90f.; 93).

Ernüchtert setzt sie sich dem aus, was die Stadt ihr bietet. Naturgemäß wird das Museum zur Zuflucht der Malerin. *Kommt man aus diesem Riesenbau, dem Louvre, so geht es über die Seine, die in gelblichem oder blaulichem Nebel ein bezauberndes Bild zeigt. Am Quai entlang stehen lange Reihen von antiquarischen Büchern. Darin kann man wühlen und suchen, so viel man will.*

*Die Schaustellung eines Akrobaten auf offener Straße. Ein Kreis von Zuschauern, die kein Auge von ihm lassen. Man sieht und lernt auf Schritt und Tritt.*

Und der späte Leser lernt aus diesem Zeugnis wie aus so vielen anderen die Kontinuität ihrer Erscheinung und ihrer Lebensform, die Paris von allen Weltstädten unterscheidet. Auch ein Jahrhundert später trifft der flanierende Besucher auf die Bouquinisten an den Quais der Seine, auf Artisten und Schausteller in den Straßen, vor den Sehenswürdigkeiten und in den Parks.

Doch allmählich erfährt auch sie die Verwandlung, die dem bevorsteht, der sich nicht abschrecken lässt. Das Fragwürdige bleibt. Wird aber schließlich von dem überdeckt, was sich ihr an Pracht und Schönheit zeigt. So kann sie ihrer

Schwester am 27. Mai 1900 schreiben: *Wenn man oben auf dem Hügel des Trocadero steht, vor sich das Grand Roue, den Eiffelturm, die Riesenweltkugel, im Hintergrund die Stadt mit all ihren Türmen, dann möchte man ihr Fackeln und Freudenfeuer bringen. Es ist ein ungeahnter Ueberfluß und eine nie endende Fülle. Sie hat eine ungeheure Persönlichkeit, diese Stadt. Einem jeden giebt sie jedes. Du mußt sie auch einmal schauen, Liebes. Doch nicht auf vierzehn Tage, das hat keinen Sinn, in vierzehn Tagen kann man sie nicht erfassen und verstehen. Man steht allem fremd und unbeteiligt gegenüber, und holt sich diverse Kater über die Verderbnis der Menschen* (a.a.O., 113).

Paris, die Spröde, gibt sich, wenn sie sich gibt, als Belohnung dafür, ihre Schroffheit und Abweisung ausgehalten zu haben. Lange. Dann aber schenkt sie reichlich.

## Ungemachte Betten und glückliche Tafel

Was Paula Modersohn-Becker nur verzögert schafft, gelingt Sabine Lepsius auf Anhieb. Die anfängliche Enttäuschung bleibt ihr erspart, da sie ihre Aufmerksamkeit sofort auf das konzentriert, was ihr das Wichtigste ist, die Fortsetzung ihrer Ausbildung als Malerin bei den renommiertesten Lehrern ihrer Zeit, die Frauen nicht ausschließen.

*Wir waren also in Paris, und sogleich stürzte ich mich auf die Arbeit. Untrud und ich meldeten uns in der Académie Julien an und pilgerten täglich von der Rue de Turin zu Fuß zur Passage des Panoramas, wo wir dann acht Stunden im Schülerinnenatelier arbeiteten. Rodolphe Julien war ein echter, sehr sachlicher Franzose, dessen Atelier durch Marie Bashkirtseff, Mlle. Breslau und noch manche andere berühmt wurde.*

*Es war ein feierlicher Augenblick, als wir dort eingeordnet wurden. Wir merkten bald, daß in dem schlichten Saal ein anderer Wind wehte als im Atelier Gussow. Schon daß nicht nur ein einziger Lehrer korrigierte, sondern daß Julien und zwei andere Lehrkräfte, B. Constant und Lefèvre, sich abwechselten, war eine weise Einrichtung. Wie ernst wurde man genommen! Wie anfeuernd war es, wenn wir in Grund und Boden getadelt wurden – es galt als der deutlichste Beweis für die Achtung vor der Begabung der Schülerin! Und wie beglückte das Lob!* (Lepsius, 137f.).

Sie hat es gut getroffen. Derart bestärkt und ermutigt, nimmt sie die befremdenden Seiten der Stadt zwar wahr, ohne sich jedoch abgewiesen zu fühlen. Ohne Bitterkeit beobachtend, registriert sie. In der Akademie gut aufgenommen, lässt sie sich nicht beirren. Fast ethnografisch nüchtern, stellt sie staunend fest, und kann, was kränken könnte, humoristisch nehmen. Unordnung und Unernst fallen der Preußin besonders auf, und weltläufig, wie sie ist, verblüfft sie, wie wenig gastfreundlich die Stadt ist, in der es die meisten Gasthäuser gibt.

*Es war durchaus nicht selbstverständlich, unser Zimmer in der Pension am späten Nachmittag aufgeräumt zu finden. Oft fanden wir es in demselben Zustand vor, wie wir es morgens um halb acht verlassen hatten. Da stand dann der Diener (Hausmädchen waren damals in Paris nicht üblich) mit weißer Schürze und schwarzem Schnurrbart, gestützt auf den Besen (die Borsten nach oben!), und las. »Madame, lisez Alfred de Musset - c'est impossible de s'interrompre«, war die Antwort, wenn wir ihm etwa Vorhaltungen machten.*

*Nach meinen Erfahrungen in Italien erstaunte mich die Ungastlichkeit der Franzosen. Gleich in den ersten Tagen in der Akademie war uns eine Schülerin entgegengekommen. »Oh, vous êtes Allemandes! J'adore Schillääähr!« sagte sie und rezitierte in reinstem Pariser Akzent »Das Mädchen aus der Fremde«. Diese reizende junge Dame gab uns den Rat, Victor Hugo zu lesen, alles andere sei Eisenbahnlektüre. Aber sie kam nie auf den Gedanken, uns zu sich nach Hause einzuladen, dabei waren wir beiden einzigen Deutschen bei unseren Mitschülerinnen durchaus beliebt* (Lepsius, 138f.).

So macht sie vor hundert Jahren die Erfahrung, die jedem Deutschen bis heute in Paris bevorsteht, Freundlichkeit in persönlichem Umgang mit einer Einladung ins Private zu verwechseln. Die genaue Wahrnehmung, die der Fremde erfährt, wie Sabine Lepsius, der ihre Mitstudentin in gewitzter Schlagfertigkeit spontan Schillers »Mädchen aus der Fremde« rezitiert, ist keine Einladung zur Freundschaft, sondern ein Signal der Distanzierung. Man begegnet einander rituell, nicht persönlich. Nach Maßgabe von Stellung und Funktion. Das

Private bleibt privat, ›privé‹, im Wortsinn: verschlossen, abgetrennt. Das gesellschaftliche Leben findet öffentlich statt, im Restaurant und Bistrot, auf dem Boulevard. Dort begegnet man seinen Bekannten. Nicht daheim. ›Chez soi‹, bei sich, bleibt man unter sich. Zutritt hat nur Familie und allerengster Freundeskreis. Was der Ausländer als Ungeselligkeit empfindet, ist Ausdruck subtil regulierter Umgangsform in einer Gesellschaft, in der eng umgrenzte Milieus nahezu undurchlässig gegeneinander existieren.

Hundert Jahre später kam eine junge polnische Malerin aus demselben Antrieb, mit denselben Erwartungen nach Paris. Und erlebte bittere Enttäuschung. In den wenigen Jahren ihres Aufenthaltes lernte sie nicht eine einzige Pariserin, nicht einen einzigen Pariser kennen. Sie lebte in einem Kreis ausländischer Künstler. Und heiratete einen Argentinier, der sie bald darauf verließ. Einsam wie noch nie zuvor in ihrem Leben, kehrte sie als alleinerziehende Mutter nach Polen zurück. Was sie von der Weltstadt erhoffte, fand sie Jahre später in einer deutschen Provinzstadt, im Freundeskreis der Galerie, die sie einlud, ihre Kunst auszustellen, die sie in Paris geschaffen hatte.

## Selbstbegegnung

*In Paris angekommen*, beginnt Franz Grillparzer sein *Tagebuch aus dem Jahre 1836*, das er in Paris und London verbrachte. Wie wenig diese einfachste Formulierung einer banalen Reisealltäglichkeit, den Ort erreicht zu haben, an den man reist, darüber besagt, wie man da sein wird, ob man überhaupt da sein wird, darüber belehrt ihn sogleich sein Empfinden bei seiner Pariser Ankunft. *Der erste Eindruck keineswegs ein angenehmer. Die alten Straßen düster, schmutzig, erinnern sehr an die ähnlichen in Neapel. Unmittelbar vor der Stadt war der Koth so tief und so in Klumpen, daß man über geackertes Feld zu fahren schien. Auf der Post abgestiegen.*

Die Kunst, im Unbekannten anzukommen, beginnt damit, Rituale zu bilden. Und wären sie noch so einfach, noch so unscheinbar. *Gewaschen, angekleidet, gefrühstückt, und so, ohne seit drei Nächten geschlafen zu haben, unmittelbar auf die Straße hinaus* (Grillparzer, 281).

Denn sein *Zimmer ist unbehaglich. Feuer im Kamin wäre mir recht angenehm. Aber das Anmachen, das Unterhalten, das Ab- und Zulaufen der Dienstleute wäre mir zuwider. Daher mag es nur kalt bleiben. Es geht mir damit, wie mit der Gesellschaft von Paris. Ich möchte sie wohl kennen lernen, habe auch Empfehlungsbriefe im Portefeuille, die alle Thüren öffnen würden, kann mich aber nicht entschließen. Mich der damit verbundenen gêne zu unterziehen. Auch ist mir die französische Sprache zu wenig geläufig, um im Gespräch über die Schwierigkeit des Wie oder Was, nur einigermaßen froh zu werden. Meyerbeer hatte sich sehr empressiert gezeigt, jetzt bekomme ich ihn nicht mehr zu sehen. Ich war zweimal bei ihm, ohne ihn zu treffen. Thalberg, der Klavierspieler, versprach mir eine Karte in sein heutiges Concert. Er hat bis jetzt nicht Wort gehalten. Es wird wohl unmöglich gewesen sein* (294).

Wer nicht einsam zu sein versteht, es nur ist, ohne daraus Gewinn zu ziehen, dem wird die Stadt nichts vermitteln können. Paris holt aus einem heraus, was in einem steckt, und zeigt einem, was es ist. Zur Einsamkeit gezwungen, findet Grillparzer bekräftigt, wie sehr sie seine Konstitution bestimmt. *Bis zu diesem Grade der Vereinsamung habe ich es gebracht* (298).

Woanders wird man kein anderer. Man lernt sich genauer kennen. Und was man nicht wahrhaben wollte, wird zur Gewissheit.

*Ueberdieß mein Widerwille gegen jede Gesellschaft, und Unlust, zu sprechen. Ich werde nach Wien zurückkommen, wie ich es verlassen, der Zweck der Reise läge im Gegenteil* (296).

Das macht Paris so gefährlich. Erbarmungslos macht es einem deutlich, dass es keinen Ausbruch gibt aus dem, was man ist.

## Verdammnis und Vollkommenheit

*Für Frank Hinrichs*

*Plätze, o Platz in Paris, unendlicher Schauplatz*
Rilke, *Duineser Elegien, V*

Wenige haben so lange in Paris gelebt und sich so gefangen nehmen lassen, wie Rilke. Kaum eine Werkgeschichte ist von der Stadt so geprägt worden, wie seine. Aber bei niemandem weist ihre Erfahrung wohl ein derart extremes Schwanken zwischen Abstoßung und Begeisterung auf, ist sie ein Ort der *Verdammnis* und der *Vollkommenheit* zugleich: *Ambivalenz im Übermaß!* (Erich Heller, »Rilke in Paris«, 129).

Der erste Satz des Buches, mit dem die deutsche literarische Moderne beginnt, ist ein drastischer Widerruf aller Hoffnungen auf Lebenserfüllung, die sich auf Paris richteten, seit es zur kulturellen Metropole Europas wurde.

*So, also hierher kommen Leute, um zu leben, ich würde eher meinen, es stürbe sich hier* (*Malte Laurids Brigge*, 9). Der ebenso genauen wie nervösen Wahrnehmung des *erfundenen jungen Dichters* entgeht kein Elend, keine noch der widerwärtigsten Lasten des Daseins, die er hier gehäuft wie sonst nirgends antrifft.

*Die Existenz des Entsetzlichen in jedem Bestandteil der Luft. Du atmest es ein mit Durchsichtigem; in dir aber schlägt es sich nieder, wird hart, nimmt spitze, geometrische Formen an zwischen den Organen; denn alles, was sich an Qual und Grauen begeben hat auf Richtplätzen, in den Folterstuben, den Toll-*

*häusern, den Operationssälen, unter den Brückenbögen im Nachherbst; alles das ist von einer zähen Unvergänglichkeit, alles das besteht auf sich und hängt, eifersüchtig auf alles Seiende, an seiner schrecklichen Wirklichkeit* (a.a.O., 73).

Die Fixierung führt dazu, *mich von allem zu entfernen und abzutrennen [...]. Wenn meine Furcht nicht so groß wäre, so würde ich mich damit trösten, daß es nicht unmöglich ist, alles anders zu sehen und doch zu leben. Aber ich fürchte mich, ich fürchte mich namenlos vor dieser Veränderung. Ich bin ja noch gar nicht in dieser Welt eingewöhnt gewesen, die mir gut scheint. Was soll ich in einer anderen* (53f.).

Doch die befürchtete Veränderung vollzieht sich, und der Ton wird allmählich leichter, fast schon so erwartungsbereit, wie man es von einem Ankömmling in Paris erwarten würde.

*Ich bin in Paris, die es hören freuen sich, die meisten beneiden mich. Sie haben recht. Es ist eine große Stadt, groß, voll merkwürdiger Versuchungen. Was mich betrifft, ich muß zugeben, daß ich ihnen in gewisser Beziehung erlegen bin. Ich glaube, es läßt sich nicht anders sagen. Ich bin diesen Versuchungen erlegen, und das hat gewisse Veränderungen zur Folge gehabt, wenn nicht in meinem Charakter, so doch in meiner Weltanschauung, jedenfalls in meinem Leben. Eine vollkommen andere Auffassung aller Dinge hat sich unter diesen Einflüssen in mir herausgebildet, es sind gewisse Unterschiede da, die mich von den Menschen mehr als alles Bisherige abtrennen. Eine veränderte Welt. Ein neues Leben voll neuer Bedeutungen. Ich habe es augenblicklich etwas schwer, weil alles zu neu ist. Ich bin ein Anfänger in meinen eigenen Verhältnissen* (72).

Um dahin zu gelangen, hatte es der unbeschönigten Wahrnehmung der ›Existenz des Entsetzlichen‹ bedurft. Sie verhinderte, der Blindheit vorgefasster Erwartungen in der Suche nach deren Bestätigung zu verfallen. Der Blick der Enttäuschung macht das Wirkliche, auf das er sich in seiner Mischung aus Faszination und Abstoßung richtet, in seiner eigenen Wirklichkeit sichtbar.

*Die Zeit der anderen Auslegung wird anbrechen, und es wird kein Wort auf dem anderen bleiben, und jeder Sinn wird wie Wolken sich auflösen und wie Wasser niedergehen. Bei aller Furcht bin ich schließlich doch wie einer, der vor etwas Großem steht, und ich erinnere mich, daß es früher oft ähnlich in mir war, eh ich zu schreiben begann. Aber diesmal werde ich geschrieben werden. Ich bin der Eindruck, der sich verwandeln wird. Oh, es fehlt nur ein kleines, und ich könnte das alles begreifen und gutheißen. Nur ein Schritt, und mein tiefes Elend würde Seligkeit sein* (54).

Malte ist nicht Rilke. Aber was dieser ihn durchleiden lässt, steht in genauer Korrespondenz zu seinem eigenen Paris Erlebnis, und der Wandlung seines Dichtertums, das es bewirkt. Das extreme Portrait eines Einsamen als Repräsentanten des Künstlers, der sich einer undeutbaren Welt gegenüber findet, das Rilke mit dem *Malte* gibt, ist auch ein Abwehrzauber, den er mit dem einzigen Mittel, das ihm zur Verfügung steht, der Sprache, gegen die Dämonen seiner eigenen Verfassung übt.

Maltes Weltekel ist seinem Erfinder fremd; ihm glückt, wozu er diesen unfähig bleiben lässt, der Durchbruch zu einer anderen Auffassung des Wahrgenommenen. In seiner eigenen Dichtung gelingt Rilke die Überbietung einer Ästhetik der ›Sachlichkeit‹, nach der er seinen Malte sich als Manifestation der Weltfremdheit sehnen lässt, durch eine der Objektivität in phänomenologischer Bescheidenheit, die sich mehr für das reale ›Objekt‹ in seinem Eigensein, als die Verfassung des Subjekts seiner Wahrnehmung interessiert.

Mit den *Neuen Gedichten*, die in Paris entstehen, während er mühsam am *Malte* schreibt, ersetzt er die metaphorische Dichtung von Gefühlslagen durch eine Poesie der ›Dinge‹. Sie wird zur Strategie, sich in die Welt ›einzugewöhnen‹. Mit ihr beginnt für ihn die ›Zeit der anderen Auslegung‹, die sein Malte sich nur wünschen, aber nicht heraufführen kann. Die Lösung ist eine ontologische Wahrnehmung, die an die Stelle der emotionalen tritt. Statt ihre Gefühlsresonanz auszusprechen, soll Dichtung Sprache der Dinge selbst sein. Die Erfahrung der Weltungewissheit, *daß wir nicht sehr verläßlich zu Haus sind / in der gedeuteten Welt*, die die erste der *Duineser Elegien* feststellen wird, führt zum Verzicht auf eine Sprache der Auslegung des Seienden zugunsten einer seiner Aussage.

Das Programm dazu entsteht in den Briefen über Cézanne, die er im Herbst 1907 seiner Frau Clara schreibt. Am 8. Oktober heißt es: *schon seine Früchte denken nicht mehr an die Tafel, liegen auf Küchentischen herum und geben nichts darauf, schön gegessen zu sein. Bei Cézanne hört ihre Eßbarkeit überhaupt auf, so sehr dinghaft wirklich werden sie, so einfach unvertilgbar in ihrer eigenen Vorhandenheit.*

Ihn fasziniert Cézannes Idee der ›Realisierung‹. Einen Tag später beschreibt er sie. *La réalisation nannte er es, und er fand es bei den Venezianern, die er früher im Louvre gesehen und wieder gesehen und unbedingt anerkannt hatte. Das Überzeugende, die Dingwerdung, die durch sein eigenes Erlebnis an dem Gegenstand bis ins Unzerstörbare hinein gesteigerte Wirklichkeit, das war es, was ihm die Absicht seiner innersten Arbeit schien.* Mit der Malerei seiner Zeit verständig vertraut wie wenige, unternimmt er es in seinen *Neuen Gedichten*, diese ›Dingwerdung‹ mit den Mitteln der Sprache ins Werk zu setzen: nicht mehr von den Dingen und ihrer Wirkung aufs Gemüt zu sprechen, sondern sie zu ›sagen‹.

Er ist in dem ihm gemäßen Paris angekommen.

Auf diese Verwandlung während des ersten Paris Aufenthaltes wird eine zweite folgen, als er zu Ende geht. Die Wendung der Wahrnehmung von ›Innen‹ nach ›Außen‹ wird in eine andere Innerlichkeit der nun anders angeeigneten Äußerlichkeit der Dinge zurückgenommen.

*Im Frühsommer 1914, da er noch in Paris war, zwei Monate nur, ehe ihn der Krieg aus dem verdammten Paradies vertrieb, verkündete er ohne Umschweife, daß das, was er in den Neuen Gedichten für Objektivität gehalten hatte, nichts war als die gewaltsame Besitzergreifung der ›Dinge‹ durch seine Imagination* (Heller, a.a.O., 141). Ihm geht die ›Lieblosigkeit‹ jener ›selbstlosen Objektivität‹ auf, deren Ideal er von Rodin übernommen, und die er der Verführung zur Einsamkeit der Weltlosigkeit entgegengesetzt hatte, die seinen Malte noch ausweglos zermürbte.

*Was Rilke schon 1914 als Wendepunkt empfand, als den Anfang einer Bewegung weg von dem Selbstopfer, das endlich die Dinge wahrhaftig zu ihrem Recht kommen ließe, endete 1922 mit der denkbar radikalsten Umkehrung. Nun war die Kunst nicht mehr über die Liebe hinaus, sondern die Liebe wurde aufgerufen, ›die Dinge‹, die in Gefahr waren, von der immer mehr um sich greifenden Sinnlosigkeit der Außenwelt zunichte gemacht zu werden, in der geläuterten Subjektivität ganz zu verinnerlichen* (Heller, a.a.O., 142).

Der sie verheerende Einbruch der Geschichte in die Welt hatte in den Wahrnehmungen seiner Dichtung den Ausdruck der Qualen ihrer Fremdheit durch den ihrer eigenen Gefährdung ersetzt. Die von der Weltfremde bedrängte Subjektivität wird zur Zuflucht der bedrohten Welt.

In dieser doppelten Wandlung ist Rilkes Pariser Dichtung ein bedeutendes ontoanthropologisches Dokument. Mit den Überbietungen der Weltbeherrschung ist die ›Welt in uns‹, die unser Selbstverhältnis bestimmt, immer weniger eine der wirkenden Natur, und immer stärker die der uns nun selbst überwältigenden Leistungen, sich gegen deren Bedrohlichkeit im Dasein zu behaupten.

Sie markiert eine der wichtigsten Etappen in der noch zu schreibenden Geschichte der Weltaufmerksamkeit. Deren Schärfung bleibt unablässige Aufgabe dermaßen, wie die Welt nicht aufhört, Objekt menschlicher Zerstörungskraft zu werden. Sie in uns geborgen zu haben, ist Voraussetzung ihrer äußeren ›Rettung‹.

**8** *Undiscovered lights*

## Lustlos überfordert

Während Rilke dabei ist, seine Zeit in Paris zu beenden, der *Malte* ist erschienen, reisen Max Brod und Franz Kafka hin. Ein Jahr darauf, im Spätsommer 1911, kommen sie wieder. Kafka hatte es sich gewünscht. Und nun führt auch er ein Reisetagebuch. Von ihrem ersten Aufenthalt berichten nur Aufzeichnungen Brods.

Es ist wenig, was Kafka notiert. Seine Beobachtungen sind genau und detailreich, dabei flüchtig, als wäre er unbeteiligt wie ein Protokollant. Unverkennbar fühlt er sich unbehaglich. Die Spannungen und Missverständnisse mit Brod, die beider Empfindlichkeiten erregen, setzen ihm zu. Ihre Unternehmungen sind touristisch, Spaziergänge auf den Boulevards, Theater- und Opernbesuche, Bars und Cafés. Voller Widerwillen folgt er Brod, der durch den Louvre hetzt.

Während Brod sich gierig ins Getriebe der Stadt stürzt, sehnt er sich nach dem, was Paris am wenigsten zu bieten hat, nach Ruhe. *Bei Duval am Boulevard Sebastopol in der Abenddämmerung. Drei Gäste im Lokal verstreut. Die Kellnerinnen leise miteinander redend. Die Kassa noch leer. Ich bestelle einen Jogurth dann noch einen. Die Kellnerin bringt es still, das Halbdunkel des Lokals trägt zu der Stille auch bei, sie nimmt auch still die Bestecke weg, die für das Abendessen auf meinem Platz vorbereitet waren und mich beim Trinken hindern könnten. Es war mir sehr angenehm, Duldung und Verständnis für meine Leiden bei einer Frau ahnen zu können, die so still war* (Kafka, *Reisetagebücher*, 66).

Welch perfekte Miniatur des Psychogramms eines von der Welt und dem Leben Überforderten, der sich wünscht, mittendrin unbeteiligt zu sein, voller Sehnsucht, in stillem Verständnis von einer Frau zu sich selbst erlöst zu werden. Berührungslos, ohne ein Wort.

*Müdigkeit* ist das Wort, mit dem er seine Verfassung am häufigsten bezeichnet. Sie rührt nicht nur von den Strapazen der langen Reise her. Sie stammt aus elementarer Überforderung, die zur kühlen Distanz der Wahrnehmungen anhält. Ist man erst angelangt, und zum Greifen nahe, was einen hertrieb, schreckt es ab. Zu wirklich ist die Wirklichkeit, die er doch erfahren wollte, auch hier.

Berührungsangst unterdrückt den Wunsch, teilzuhaben, noch bevor er sich rühren kann. Wie zu magischer Abwehr richtet der gebannte Blick sich auf das Banale, das einen am wenigsten angeht. Die ausführlichste Eintragung ist die minutiöse Beschreibung eines Bagatellunfalls, deren Zeuge sie auf einer ihrer Promenaden werden, ein Automobil hat das Dreirad eines ausliefernden Bäckerjungen gestreift und zu Fall gebracht. Wie in Trance zeichnet der Zeuge Kafka auf, was er sah, als verfasste er den Unfallbericht anstelle des unbeholfen amtenden Polizisten. Mechanisch arbeitet die Präzision seiner Wahrnehmung, als spräche ein Automat, ohne Beteiligung seiner Person. Überbordender Realismus stellt sich der übermächtigen Realität entgegen. Bannung pur.

Am heftigsten tritt die Selbstenthebung der Person aus der Wirklichkeit in der Situation auf, in der das stärkste aller Begehren umstandslos Erfüllung finden kann. Am Ort der ältesten Weise der ›Erlösung‹ eines Mannes durch eine Frau. Wie für Bürgersöhne ihrer Zeit üblich, ins Geschlechtsleben in einem der Bordelle ihrer Heimatstadt initiiert, zieht es die Freunde in der Stadt der Kunst des ›plaisirs‹ in einen der Tempel unverbindlicher Lust, wie es sie nur hier gibt. Die Erregung, die sie dabei erfahren, wird keine des Geschlechts, sondern tiefster Daseinsverlegenheit sein. Hier, wo es nicht nur zum mondänen, sondern zum Alltagsleben selbstverständlich gehört, erleben sie als Unmöglichkeit, was ihnen daheim keine Schwierigkeit bereitet. In der Konfrontation mit dem Elementaren droht die Kraft am stärksten zu versagen, die es braucht, sich der Erfüllung des Gewünschten gewachsen zu zeigen. Sie scheitern daran, dass zur Erfüllung des Begehrens nicht nur kein Widerstand zu überwinden ist, sondern sie ihnen abverlangt wird. Zur Pflicht verkehrt, erlahmt der Wille.

*Rationell eingerichtete Bordelle. Die reinen Jalousien der großen Fenster des ganzen Hauses herabgelassen. In der Portierloge statt eines Mannes eine ehrbar angezogene Frau, die überall zu Hause sein könnte. Schon in Prag habe ich immer den amazonenmäßigen Charakter der Bordelle flüchtig bemerkt. Hier ist es noch deutlicher. Der weibliche Portier der sein elektr. Läutewerk in Bewegung setzt, der uns in seiner Loge zurückhält, weil ihm gemeldet wird, daß gerade Gäste die Treppe herabkommen, die zwei ehrbaren Frauen oben (warum zwei?) die uns empfangen, das Aufdrehen des elektr. Lichtes im Nebenzimmer in dem die unbeschäftigten Mädchen im Dunkel oder Halbdunkel saßen, der 3/4 Kreis (wir ergänzen ihn zum Kreis) in dem sie um uns in aufrechten auf ihren Vorteil bedachten Stellungen stehn, der große Schritt, mit dem die Erwählte vortritt, der Griff der Madame mit dem sie mich auffordert … ich mich zum Ausgang gezogen fühle* (Kafka, *Reiseberichte*, 70).

Während es Brod gelingt, in quälender Peinlichkeit das Ritual hastig zu vollziehen (a.a.O., Anhang, 181f.), ergreift Kafka halb ohnmächtig die Flucht. *Unmöglich mir vorzustellen wie ich auf die Gasse kam, so rasch war es. Schwer ist die Mädchen dort genauer anzusehn, weil sie zu viele sind, mit den Augen blinzeln, vor allem zu nahe stehn. Man müßte die Augen aufreißen und dazu gehört Übung. In der Erinnerung habe ich eigentlich nur die, welche gerade vor mir stand. Sie hatte lückenhafte Zähne, streckte sich in die Höhe, hielt mir der über der*

*Scham geballten Faust ihr Kleid zusammen und öffnete und schloß gleich und schnell die großen Augen und den großen Mund. Ihr blondes Haar schien zerrauft. Sie war mager. Angst davor nicht zu vergessen den Hut nicht abzunehmen. Man muß sich die Hand von der Krempe reißen. Einsamer, langer sinnloser Nachhauseweg* (a.a.O., 71f.).

Entnervt nimmt er Reißaus, verzagend wie ein Jugendlicher, den es im Übermut an den verrufenen Ort trieb, endlich zu erleben, wonach der stärkste aller Zwänge der Natur, der Welt in uns, verlangen lässt.

Die Fülle des Lebens überfordert ihn, dessen Sensibilität ganz auf die Registrierung seiner ›Unmöglichkeit‹, die er in seinen Erzählungen immer wieder beschwört, unter den Lasten einer Weltfremde gestimmt ist, der sich nicht entkommen lässt. Akut wird sie in der Konfrontation mit dem Elementaren, das im Geschlecht am intensivsten wirkt.

In die Vertrautheiten Prags zurückgekehrt, werden beide nachholen, was ihnen in Paris misslang.

Heimat ist nicht dort, wo keine Weltfremde sich regt, welchen Ort es nicht gibt, sondern dort, wo man sie auszuhalten lernt. Dazu konnte die ›Hauptstadt der Welt‹ Kafka keine Lehrmeisterin sein.

Man muss nicht ›verdrängt‹ haben, damit Vergessenes, das im Gedächtnis lagert, sich irgendwann wieder regt. Die Konstellation von Fremdheit, Heimat und Sexualität jedenfalls erinnert zu sehr an sie, um das dritte Kapitel des Romans, den Kafka zehn Jahre später schreibt, als er alle Hoffnung, sein quälendes Junggesellentum je hinter sich zu lassen, aufgegeben und sich entschlossen hatte, sein Leben nur noch der Literatur zu widmen, ohne sich dann um deren Veröffentlichung zu kümmern (vgl. Joachim Unseld, *Kafka*, 194ff.), nicht als einen motivischen Wiedergänger jener Pariser Szene zu lesen.

*»Komm, hier unten erstickt man ja«, sie umfaßten einander, der kleine Körper brannte in K.'s Händen, sie rollten in einer Besinnungslosigkeit, aus der sich K. fortwährend aber vergeblich zu retten suchte, paar Schritte weit, schlugen dumpf an Klamms Tür und lagen dann in den kleinen Pfützen Bieres und dem sonstigen Unrat, von dem der Boden bedeckt war. Dort vergiengen Stunden, Stunden gemeinsamen Atems, gemeinsamen Herzschlags, Stunden, in denen K. immerfort das Gefühl hatte, er verirre sich oder er sei soweit in der Fremde, wie vor ihm noch kein Mensch, eine Fremde, in der selbst die Luft keinen Bestandteil der Heimatluft habe, in der man vor Fremdheit ersticken müsse und in deren unsinnigen Verlockungen man doch nichts tun könne als weiter gehen, weiter sich verirren. [...] allzu glücklich war er Frieda in seinen Händen zu halten, allzu ängstlich-glücklich auch, denn es schien ihm, wenn Frieda ihn verlasse, verlasse ihn alles, was er habe* (Kafka, *Der Prozeß*, 68f.).

In der Imagination wenigstens glückt die ›Erlösung‹, die das Leben nur als Schreckbild anbot. Inmitten des ›Unrats‹ schenkt die reine Sexualität, der Akt mit einer Unbekannten unter schäbigsten Umständen, einen Moment der Verwandlung der Weltfremde in einen unschätzbar wertvollen Besitz, dessen Verlust deren Unerträglichkeit noch überträfe. *Wenn man ausgestoßen ist und nichts mehr besitzt, wird eine kleine Frau, die man kaum kennt und zwischen Bierpfützen umarmt hat, ein ganzes Universum – ohne daß die Liebe damit irgend etwas zu tun hätte* (Milan Kundera, *Verratene Vermächtnisse*, 52).

Das geahnte *Verständnis für meine Leiden bei einer Frau*, das Kafka im Café am Boulevard Sebastopol besänftigte, vor dessen leibhaftiger Rohnatur im Bordell er floh, erfährt sein Alter Ego ›K.‹ als höchstes Glück.

## Im ›Gesamtplan‹

*Zufall ist die gottverlassene Figur der Notwendigkeit.*
Walter Benjamin, *»Julien Green«*

Nach Paris war er erst einige Jahre nach Ende des Ersten Weltkriegs gekommen. Nach dem Zweiten, den er überwiegend dort verbrachte, kehrte er oft zurück. Über »Das Merkwürdige und das Wunderbare« nachdenkend, erinnert Ernst Jünger sich seines Besuchs im Jahr 1953.

*Ich war am Morgen bei strömendem Regen angekommen und hatte Freunde verfehlt, die ich erwartete. Auf dem Rückweg zum Bahnhof Montparnasse stöberte ich, um die Zeit hinzubringen, in der Auslage eines Antiquars. Unter den Broschüren fielen mir die Lettres Odiques von Reichenbach in die Hand, als Übersetzung ins Französische.* Er erwirbt das Buch, und beginnt in einem Lokal darin zu lesen. Während er noch darüber nachsinnt *»Wenn du hier sitzen müßtest, bis ein Bekannter käme, dich zu erlösen, so könnten gut ein, zwei Jährchen vergehen, vielleicht noch längere Zeit«*, betritt Helene das Lokal, eine Freundin aus früheren Jahren. *Sie hatte mich trotz ihrer Kurzsichtigkeit sogleich erkannt und setzte sich zu mir an den Tisch, als ob wir uns eben getrennt hätten* (*Sgraffiti*, 15f.).

Das Gespräch kommt auf Reichenbachs Buch, in dem er las, als sie eintrat. Beim Nachtisch blättert auch die Freundin darin. *Am Abend sandte sie mir dann die Erstausgabe der* Odisch-Magnetischen Briefe, *die 1852 bei Cotta erschienen waren* (17).

Darin sieht er so wenig einen Zufall wie darin, dass sie genau in dem Moment das Lokal betrat, als er überlegte, wie lange er wohl warten müsste, bis ein Bekannter sich einfände, seine Ankunftseinsamkeit zu beenden. Für den Platoniker, für den die Welt eine fest gefügte, wenn auch verborgene Ordnung besitzt, in der alles auf alles bezogen ist, gibt es keinen, während für den Surrealisten, der alle Ordnung grundsätzlich verneint, alles Zufall ist. *Und das ist wiederum weniger merkwürdig, als es auf den ersten Blick scheinen mag, da man als Motto ihrer Bibliothek bezeichnen könnte: »Durch Geistes Kraft allein«*. Auf die der Surrealist seinerseits als einzigen Bürgen der Freiheit alles setzt.

Das Geschehen einer im Zufall perfekt stimmigen Bezüglichkeit, wie die Verbindung zweier Menschen zu einem Liebespaar, führt Jünger zur Unterscheidung des *Merkwürdigen* vom *Wunderbaren*. Über die unwahrscheinliche Fügung staunend, fragen sie einander: *»War das nicht merkwürdig?«. Aber sie meinen: »War es nicht wunderbar?« Sie meinen, daß sich das Universum bewegt hat, damit der Hans die Grete finde, und sind damit im Rechte, denn das ist eine seiner Absichten. Das ist einer der Punkte, an denen der Mensch die mythische Wahrheit noch empfindet und wohl immer empfinden wird* (17f.).

Was als Wunder erscheint, offenbart, was unerkennbar bleibt, aber alles mit allem fügt. *Das Wunder ist eine Bestätigung großer Zusammenhänge, nicht eine Ausnahme. [...]. Je deutlicher und je beglückender durch ein Ereignis oder eine Gestalt der Gesamtplan bestätigt wird, umso gewisser dürfen wir sie als Wunder ansprechen. [...]. Aus diesem Grunde können die Menschen nicht ohne Kunst leben. Alle Wunder sind Abglanz des Schöpfungswunders, sind seine Wiederholungen und Gleichnisse im Zeitlichen. Die Zeugung geht bei der Schöpfung zu Lehen* (18).

Verwandtschaft im Unbezüglichen ließ Wolfgang Koeppen die *Marmorklippen* lesen, als wäre *Jüngers kostbare Erzäh-*

*lung* ein Stück *französischer surrealistischer Prosa* (Koeppen, »Alfred Andersch«, 385). Jüngers Café-Szene von 1953 erinnert an Bretons *Nadja* ebenso wie an Aragons *Pariser Bauer*, der den Surrealismus als ›moderne Mythologie‹ konzipiert, getragen vom *Gefühl für das Wunderbare des Alltäglichen* (13), als gäbe sie eine verspätete Antwort auf jene Umfrage, die André Breton und Paul Eluard in ihrer Zeitschrift *Minotaure* ein Vierteljahrhundert zuvor veranstaltet hatten. *»Können Sie angeben, welches die wichtigste Begegnung Ihres Lebens war? – Bis zu welchem Grad hatten Sie und haben Sie auch jetzt noch den Eindruck, daß in dieser Begegnung etwas Zufälliges oder etwas Notwendiges lag?«* (Breton, *L'Amour Fou*, 17).

Wenn sie auch nicht die wichtigste seines Lebens war, so war sie doch eine der wesentlichen Erfahrungen, in denen Jünger seine Überzeugung von der verborgenen Bezüglichkeit der Ereignisse im ›Gefüge der Welt‹ beglaubigt fand. Sie entspricht Bretons Verteidigung des Wunderbaren im ersten seiner *Manifeste* von 1929.

*Für dieses Mal wollte ich nur mit dem H a ß a u f d a s W u n d e r b a r e, der bei manchen Menschen herrscht, abrechnen, und mit der Lächerlichkeit, der sie es preisgeben wollen. Sagen wir es geradeheraus: das Wunderbare ist immer schön, gleich, welches Wunderbare schön ist, es ist sogar nur das Wunderbare schön* (Breton, *Manifeste*, 18. – Hervorhebung im Original.). ›Schön‹ noch jenseits des ästhetischen im ontologischen Sinn: als beruhigende Versicherung, dass nichts, was geschieht, sinnlos, das Dasein auch im Unergründlichen verankert ist.

Ohne in direkter Verbindung zu stehen, ist Jüngers Nähe zum Surrealismus selbst kein Zufall. Sein Urerlebnis des Krieges, das die Verfassung seiner Intellektualität prägte, fand in Frankreich statt. Zu seinen Lektüren in den Schützengräben zwischen Artilleriebeschuss und Sturmangriffen zählten französische Autoren. Seine ersten Besuche in Paris, die seine

Prägung bereicherten und verstetigten, fanden nach dem großen Krieg statt. Als *Das abenteuerliche Herz* erschien, lagen sie hinter ihm. Um mit jeder Rückkehr nach Paris erneuert zu werden.

Mag es auch Klischee sein, der französische Geist ist sinnlich, der deutsche abstrakt. Jener geht aufs Objekt, dieser vom Subjekt aus. Kein Deutscher hätte den Positivismus erfunden. Mit den Denkbildern seines *Abenteuerlichen Herzens*, die er aus der spekulativen Deutung seiner Träume gewinnt, hat Jünger eine Integration beider vollzogen. Die wissenschaftliche Sachlichkeit des Entomologen ist Teil einer Privatmythologie der Erscheinungen des Seins. Auch hierin ist er der Solitär, der Proteus seines Anarchentums, das strikt darauf hält, in absolutem Selbstvertrauen weder dem einen noch dem anderen Modell ausschließlich zu folgen: Partisan auf eigene Faust, ohne Gemeinschaft noch Gefolgschaft. Und steht damit in paradoxer Verwandtschaft zu dem französischen Antipoden Paul Valéry, für den es keine andere geistige Autorität gab als die des striktesten Rationalismus', mit dem er sein Selbstdenkertum des souveränen Individuums betrieb, das Montaigne begründet hatte. Doch während Valéry alles auf seinen Verstand setzt, vertraut Jünger ganz der Einbildungskraft. Sie ist das Medium seiner Weise, auch dort zu verstehen, wo sich nicht erkennen lässt.

**9** *No boats today*

# Unter Waffen

## Zur Parade

*16. Juni 1940, fünf Uhr in der Frühe. Das Regiment tritt an. […]. Wir haben viel gesehen und noch mehr erlebt, seit wir im Morgengrauen des 10. Mai südlich Venlo die holländische Grenze überschritten. […]. Und welch ein Sieg ist aus unseren Siegen erwachsen: vorgestern fiel Paris, fiel wie eine überreife Frucht in die Hand des Siegers, der nur zuzugreifen brauchte.*

In die Freude über den überraschend schnellen Sieg mischt sich die Vorfreude des Landsers über die bevorstehende Zeit als Besatzungssoldat in Paris. Was den Vätern dreißig Jahre zuvor nicht gelang, steht nun unmittelbar bevor: sie sollen als Bezwinger des Erzfeindes Paris sehen.

*Paris ist ganz plötzlich erreicht, wir sind da! Die breite Ausfallstraße, auf der wir einmarschieren, ist menschenleer, aber das ist nichts Ungewöhnliches. Um sieben Uhr früh am Sonntag morgen sieht man auch in Berlin kaum einen Menschen auf der Straße. Und je mehr wir uns nun der eigentlichen Stadt nähern, um so mehr belebt sich die Straße. Postboten und Müllkutscher sind unterwegs und gehen ihrem Beruf nach. Auch Zivilisten sehen wir, deren nervöser Blick den eigenen zur Schau getragenen Gleichmut Lügen straft. Sie blicken kaum zu uns hin, aber sie betrachten uns doch sehr genau. […]. Wir sind im übrigen an ihrer Stadt nicht weniger interessiert als sie an unserem Aussehen.*

Der da mitmarschiert war und ›der Heimat‹ berichtet, ist offenbar nicht zum ersten Mal nach Paris unterwegs. Seine Sprache gibt sich kennerisch, und er versteht es, anklingen zu lassen, dass er den Kameraden die Kenntnis der mythischen Stadt voraushat. Seine Annäherung ist getragen von der Erwartung dessen, der sich darauf freut, wiederzukommen. Noch dem sich ihr unter Waffen Nähernden bewahrt Paris sich auf für den, der nicht zum ersten Mal kommt.

*Das bringt den meisten zunächst eine arge Enttäuschung. Denn Paris ist an der Gare du Nord nicht schön, und auch die Rue Lafayette ist kein Edelstein im Geschmeide der ville lumière. Aber dann wird Paris Paris und wir kommen zuerst zum Boulevard Haussmann, vorbei an der Rückfront der Oper, und nun merken die Kameraden doch auf.*

Dem bevorstehenden Kasernendienst der Besatzung der Stadt geht die Parade der Sieger voraus.

*An der Étoile, dem weiten Rund rings um den Triumphbogen, sind die Bordsteine dicht von Menschen gesäumt. Es sind nicht viele Franzosen darunter, die Mehrzahl sind Ausländer, die in Paris wohnen und sich das historische Schauspiel dieser ersten deutschen Siegesparade nicht entgehen lassen wollen. Die eigentliche Parade sehen sie allerdings nicht, denn diese findet in der für Zivilisten gesperrten Avenue Foch statt* (Kitzing, 1–4).

In den militärischen Stolz des Siegers ist die der einfachen Aufzählung der auf dem Marsch passierten Straßen und Plätze, Gebäude und Sehenswürdigkeiten unverkennbar abzuhörende Freude gemischt, von diesem Krieg nach Paris geführt worden zu sein. Als könnte kein Preis zu hoch sein, dorthin zurückzukehren. Denn Paris lernt nur kennen, wer sich nicht nur einmal hinbegibt.

## Erotik der Unterwerfung

Krieg und Geschlecht können nicht anders, als Wirkungen des Elementaren im Menschen sind sie miteinander verbunden. Wie die Gewalt des Tötens Lust bereiten kann, so hat die Lust als unabweisbarer Trieb ihre Gewalt. Im Krieg lockern sich die ›Sitten‹ nicht nur, weil sein Ausnahmezustand alles enthemmt. In ihm tritt offen hervor, was im ›normalen Leben‹ im Verborgenen, als Ausnahme, als Skandal und Verbrechen wirkt. Nie wurde so exzessiv, so schamlos enthemmt, so orgiastisch gelebt wie in den letzten Kriegswochen im zerbombten Berlin: »Genießt den Krieg, der Frieden wird fürchterlich«.

Nach dem Ende der Kämpfe kehren die Überlebenden allmählich zur Normalität des Zivilen zurück. Das Band zwischen Lust und Tod verschwindet zwar nicht, vermindert sich jedoch wieder zur Unmerklichkeit. Unter dem Besatzungsregime aber lagert in Paris sein Schatten über den Besiegten ebenso wie den Siegern, die Teil ihres Alltags werden. Die Waffen, die sie tragen, während sie an ihm teilhaben, erinnern daran unübersehbar.

Die Ankunft der deutschen Soldaten in den Pariser Straßen wird ins Pariser Leben tiefer eingreifen als die äußeren Folgen der Besatzung, und weit über deren Dauer hinaus wirken.

Anfang April 1941 ist der Hauptmann Ernst Jünger mit seiner Einheit in Paris, das ihm längst vertraut ist, weshalb die Ankunft für ihn kein besonderes Erlebnis darstellt, eingetroffen. Und findet sich sogleich in der Halbwelt wieder, in der seit jeher das Elementare, für dessen Wahrnehmung er feinste

Witterung besitzt, gelebt wird, das die Regeln der ›guten Sitten‹ verleugnen.

*Abends in Gesellschaft von Oberstleutnant Andois in der Rotisserie de la Reine Pédauque, nahe dem Bahnhof St. Lazare, und dann im Tabarin. Dort eine Revue mit nackten Frauen vor einem Parkett von Offizieren und Beamten der Besatzungsarmee und einem Pelotonfeuer von Sektpfropfen. Die Körper gut gewachsen bis auf die Füße, die durch das Schuhwerk verdorben sind. Darüber hinaus auch vielleicht: der Fuß, die degradierte Hand. Schaustellungen dieser Art sind ganz in den Mechanismus des Triebes abgestimmt – die Pointe ist unfehlbar, obwohl sie stets ein und dieselbe ist.*

Man zieht weiter. *Dann im Monte Christo, einem kleinen Etablissement, in dem man auf niedrigen Polstern schwelgte, die im Viereck ein kleines Parkett umrandeten, auf dem Sängerinnen und Tänzerinnen auftraten. Silberne Kelche, Obstschalen und Flaschen funkelten im halbdunklen Raume wie in einer unterirdischen Kapelle; für Gesellschaft war durch junge Mädchen gesorgt, fast durchweg schon in Frankreich geborene Kinder russischer Emigranten, die in vielen Sprachen plapperten.* Mit einer von ihnen führt er *in Champagner-Nebeln Gespräche über Puschkin, Aksakov, Andrejew, mit dessen einem Sohn sie in Berührung gekommen war* (Jünger, *Strahlungen*, 27).

Die Freisetzung des Elementaren im Ausnahmezustand des Krieges, der mit dem Waffenstillstand nur unterbrochen, nicht beendet war, lässt den Sexus als Untergrund des Menschlichen, den die zivilisatorische Rationalität im Bund mit der ›Moral‹ gesellschaftlicher Konvention verleugnet, im Untergrund der Stadt aufblühen, und macht die Keller der Halbwelt zu ›Kapellen‹ seiner Rituale. Im ›normalen Leben‹ auf Frivolität begrenzt, wird die Pariser Erotik so handfest, wie die ›Sitten‹ der Besatzer.

Es sind Szenen wie diese des Lebens unter der Okkupation, die 1947 zu dem Gesetz führen werden, das die Schließung aller Bordelle verfügt.

Indem wir herrschen, werden wir beherrscht. Die Sieger, die sich den Verlockungen durch die Besiegten überlassen, die sich deren Begehren nicht verweigern, werden ihrerseits von dem Urtrieb unterworfen, den jene mit ihnen teilen, über die sie Gewalt besitzen. Diese muss nicht ausgeübt werden. Die ihr Ausgesetzten überlassen sich dem Elementaren ihrerseits, da der Ausnahmezustand erlaubt, was die ›Normalität‹ untersagt. Menschenmacht und Macht des Elementaren durchdringen einander. Die Souveränität, mit der die Unterworfenen sich dem elementar geteilten vitalen Begehren jenseits aller Feindschaft überlassen, macht sie zu Siegern über ihre Herren. Die Frau, die sich dem Begehren des Besatzers nicht verweigert, es sogar teilt, entwaffnet ihn, mag das Pistolenhalfter auch neben dem Bett liegen. Die Natur in uns bricht die Macht, die wir übereinander üben. Manches in postkoitaler Offenherzigkeit in Pariser Betten ausgeplauderte Militärgeheimnis gelangte so in die Stäbe der Alliierten, und die Pariser ›Freizügigkeit‹ wurde ein geringer zwar, doch ein Faktor im Kriegsverlauf.

Nach der Befreiung wird der Sex im Untergrund zum Realsymbol der Kollaboration, der Überlassung der Unterworfenen an die Anforderungen und Wünsche der Sieger aus resignierter Einwilligung in die eigene Schwäche. Mitzutun, war letzte Zuflucht eines Restes von Selbstbestimmung gewesen, aus dem Unausweichlichen Vorteil und Genuss zu ziehen, und Eigenes zu bewahren: Strategie des Überlebens.

Der Hass derer, deren Feigheit aus ›Anstand‹ sie auf das verzichten lässt, wonach es sie wie jedermann gelüstet, wozu ihnen aber ein vitales Verhältnis fehlt, auf die, die es im Ausnahmezustand auszuleben wagten, führt zu Exzessen der Verachtung und Erniedrigung, und begründet eine neue inquisitorische Moralisierung, die Politik und Gesellschaft der Nachkriegszeit beherrschen wird. Auf die Enthemmung des Sexus durch die Allgegenwart des Todes folgt sein gesellschaftlicher Tod. Seine Tabuisierung wird so groß, wie die Schmach der Niederlage von 1940 war. Die Freiheit im Krieg wird zum Skandal des Friedens, und die befreite Gesellschaft überlässt sich der Unterdrückung des Elementaren, das der Krieg entfesselte. Es wird zwei Generationen dauern, die Freiheit des Sexus in der freien Gesellschaft zurückzugewinnen, die die Unfreiheit des Kriegszustandes ermöglicht hatte.

## Ein anderer Opernbesuch

Das Einzige, was den verhinderten Architekten und bezwingendsten Theatraliker der Macht an Paris wirklich interessierte, waren die Oper, der Sarkophag Napoleons, und die Architektur. Geführt hatte er seinen Krieg gegen ›den Westen‹ nicht geradezu, um besuchen zu können, was seine Phantasie früh beschäftigt hatte, als er davon träumte, Baumeister zu werden; der dann nur wenige Stunden dauernde frühsonntagmorgendliche Besuch, den er Paris nach dem alle Welt verblüffenden Blitzsieg über Frankreich abstattete, mutet an, als wäre es so gewesen. Als hätte die Weltgeschichte umgewälzt werden müssen, nur, um einmal dort gewesen zu sein. Die Ankunft in verspannter Nervosität kaum erwarten könnend, scheint er nicht schnell genug wieder fortzukommen, nachdem er die ihm wichtigen Stätten so hektisch ablief, als handelte es sich um einen Zwischenstopp auf einer Flucht.

Fast scheu, voller Achtung und Ehrfurcht vor der Größe dieses Ortes, verhielt der Diktator sich, der mit seiner Unterwerfung Frankreichs den Gipfel einer Macht erreichte, über die vor ihm nur Napoleon verfügte, als er sich seinen Traum erfüllt, und am frühen Morgen des 23. Juni 1940 den Ort seiner größten Bewunderung aufsucht.

*Paris hat mich immer fasziniert*, erklärt er dem zwischen Wiedersehensfreude und Beklemmung über die Umstände hin und her gerissenen Arno Breker, der, zum persönlichen Staatskünstler des Führers avanciert, im Morgengrauen des Vortages ahnungslos von einem SS-Kommando abgeholt worden war, ihn zu begleiten. *Ein Besuch ist seit Jahren mein lei-*

*denschaftlicher Wunsch. Jetzt stehen die Tore für mich offen. Nie war bei mir eine andere Vorstellung vorhanden, als die Kunstmetropole mit meinen Künstlern zu besichtigen. Paris ist für mich ein Maßstab. Sicher bin ich, dass wir Anregungen erfahren, wonach wir die Pläne der Neugestaltung unserer wichtigsten Städte nochmals überprüfen können* (Breker, 153).

Der mächtigste Mann Europas, der sich rüstet, den Osten zu unterwerfen und zu versklaven, der als wichtigstes Lebensziel die Ausrottung eines Volkes unbeirrbar vor Augen hat, setzt Himmel und Hölle in Bewegung, um sich in schülerhafter Begeisterung an der Pariser Architektur zu erfreuen? Gespenstisch. Ein Weltkrieg, ein Völkermord, Abermillionen Tote, Ausgeburt eines Kunstbegeisterten? Am Ende war Hitlers Vernichtungswerk nichts anderes als die Katastrophe einer politischen Ästhetik, die einer weltlosen Unperson die Welt ersetzen musste, die unglückliche historische Fügung aus Zufall, Interessenlagen und persönlichem Geschick mit absoluter Macht ausgestattet hatte?

*Wir erreichten die Porte de la Villette, nahmen die Rue de Flandre; die abschüssige Rue la Fayette gibt uns bald den Blick auf die Oper frei.*

*Paris ist ausgestorben, tot – keine menschliche Seele ist zu sehen. Wie Phantome, wie vom Leben abgetrennt wirken die Häuserblocks. Welches Leben herrschte ehemals hier im Brennpunkt der Millionenstadt; ein unendliches Strömen in allen Richtungen, strotzend von Vitalität und der Freude am Dasein.*

*Der makabre Eindruck scheint auch Hitler zu deprimieren. Wortlos, verkrampft kauert er auf seinem Platz, bis wir bei der Oper an der Treppe der Hauptfassade halten* (Breker, 155).

Als gälte es eine Pflicht, statt sich einen Wunsch zu erfüllen.

*Hitlers Züge entspannen sich langsam, und im gleichen Augenblick überwältigt ihn die Architektur der Oper. [...]. Hitler scheint sich für diesen Besuch vorbereitet zu haben. Er kennt den*

*Grundriß, die genauen Ausmaße im großen wie im Detail, wie sie ausführlicher und präziser nicht im Baedeker zu finden sind. [...]. Wir gehen die Treppen hinauf und betreten den Zuschauerraum. Hingerissen von dem überwältigenden Eindruck des Panoramas, ruft Hitler aus, dies sei das schönste Theater der Welt* (Breker, 155f.).

Für einen Moment kann er, dessen alles durchdringender Charakterzug die Verachtung war, er, der Bewunderung und Abscheu zugleich erfuhr wie nur wenige Gestalten der Geschichte, bewundern. Für einen Moment an fremdem Ort ist er ein anderer: der, der er gerne gewesen wäre. Als erfüllte sich für ihn der Wunsch, den der Mythos Paris bei so vielen wecken konnte, die Entbindung zu sich selbst. Als nähme die bewunderte Stadt die Fremdheit der Welt von ihm, deren Gewalt über sein Gemüt ihn zu einem der größten Zerstörer aller Zeiten werden ließ.

*Wir verlassen die Oper. Der Gardien bleibt starr, ohne Geste, ohne Gruß mit hohlem Blick zurück, er hatte während unserer Besichtigung nicht den geringsten Versuch eines Entgegenkommens gemacht. Auf Worte des Dankes für die Führung reagiert er überhaupt nicht. Zwei Versuche, ihm ein Trinkgeld zu geben, werden zurückgewiesen. Eine stolze, imponierende Haltung, die mir Respekt einflößt* (Breker, 157).

Hier gab es für den Herrn des Krieges, der ihn herbrachte, kein wirkliches Ankommen. So wenig, dass der Wille, zu bleiben, auch nur, wiederzukommen, sich nicht einstellt.

Den Einsamen macht Paris am unmissverständlichsten mit seiner Verfassung bekannt. Nach diesem Besuch muss der Diktator seine Menschenferne noch stärker empfunden haben als jemals zuvor. Auf der Fahrt von der Oper zum Invalidendom wird sie ihm drastisch vorgeführt.

*Plötzlich ertönt in der morgendlichen Stille der näher und näher kommende heisere Ruf eines Zeitungsverkäufers: »Le matin! Le matin!«. Er biegt in die Rue de Rivoli ein, sieht die Wa-*

*genkolonne, stürzt herzu, in der erhobenen Hand die Zeitung zum Kauf anbietend, kommt bis auf Reichweite an den langsam fahrenden Wagen heran und erkennt plötzlich Hitler. Der Ruf »Le matin!« erstirbt im weitaufgerissenen Mund, die Augen starren entsetzt, in panikartiger Flucht wirft er alle Zeitungen von sich und rennt schutzsuchend in das nächstliegende offene Haus* (Breker, 163). Über des Diktators Reaktion schweigt Brekers Bericht.

Der österreichische Kanzler und Führer des Deutschen Reiches zeigte sich von der ›Erzfeindschaft‹ seltsam unberührt, und achtete darauf, den Unterworfenen nicht unnötig zu demütigen, indem er auf das Nächstliegende verzichtete, und die fällige Parade anders als im zerstörten Warschau nicht selber abnahm.

*Mich interessiert es, die großen städtebaulichen Zusammenhänge, die mir theoretisch geläufig sind, in ihrer Realität zu erfassen. Es lag nahe, an der Spitze der siegreichen Truppen durch den Arc de Triomphe zu marschieren, um auf dem klassischen Boden großer Paraden unsere eigene abzuhalten. Doch will ich dem französischen Volk nach der Niederlage keine weiteren Schmerzen zufügen und will keine Hindernisse aufrichten, die eine kommende deutsch-französische Verständigung verzögern oder gefährden* (Breker, 153f.).

Wie gebannt, nahm der skrupelloseste Gewalttäter der Weltgeschichte der Neuzeit diese Stadt von seinem Zerstörungswahn aus.

*»Ich bin dem Schicksal dankbar«, sagte er, »diese Stadt, deren Nimbus mich immer beschäftigte, gesehen zu haben. Bei Beginn der Kampfhandlungen habe ich den Truppen den Befehl gegeben, Paris zu umgehen und auch in ihrer Peripherie Kampfhandlungen zu vermeiden; denn es galt, das unter uns liegende, in vielen Schichten gewachsene Wunder abendländischer Kultur unversehrt der Nachwelt zu erhalten. Das ist gelungen«*, bekennt

er seiner handverlesenen Entourage auf dem Montmartre am Fuß von Sacré Coeur.

Aber es hat ihn Überwindung gekostet. Albert Speer, der zu seiner Begleitung gehörte, hat seinen Zwiespalt auch in diesem Fall festgehalten. Nur mühsam, und mit einem nie ganz aufgelösten Rest Bedauerns, setzt seine Sorge um das Bewunderte sich gegen seine Neigung durch, es durch Zerstörung als Teil seines Machtbereiches zu markieren.

*»War Paris nicht schön?«, schwärmte er. »Aber Berlin muß viel schöner werden. Ich habe mir oft überlegt, ob man Paris nicht zerstören müsste. Aber wenn wir fertig sind, ist es nur noch ein Schatten dagegen. Warum da zerstören?«* (Albert Speer, *Erinnerungen*, 187).

Es ist eines der bedeutendsten Symptome ihrer Magie, dass Hitler seinen Urimpuls ihr gegenüber unterdrückte. Erst, als der Krieg verloren war, traf auch sie einer seiner ›Nero‹-Befehle. Doch der Statthalter General von Choltitz ließ ihn unausgeführt. Spät erst hat man es ihm halbherzig gedankt.

Der wohl gespenstigste Besuch, den Paris je erfuhr, endete mit einer Anordnung, die des Diktators Geistesart, an deren vandalischer Eindeutigkeit die Kulturbeflissenheit, die er während seines kurzen Verlaufs an den Tag legte, zweifeln lassen könnte, unzweifelhaft zu erkennen gab, als ihn an Napoleons Grab die Wortgewalt der pathetischen Halbbildung verließ: *Wir hatten erwartet, dass Hitler an diesem Ort etwas der Stunde Angemessenes sagen würde, aber was er dann äußerte, war unerwartet und überraschend: Er sprach von Napoleons Sohn, dem Duc de Reichstadt, dessen Gebeine in Wien ruhten, und gab den Befehl, sie nach Paris zu überführen und an der Seite Napoleons beizusetzen* (Breker, 161).

So begeistert er sich zeigt, so traurig ist das Ganze, eine theatralische Farce, die ein tiefes Unvermögen des mächtigsten Manns Europas offenbart. Seinen Begleitern bleibt es nicht verborgen. *Um neun Uhr morgens war die Besichtigung zu Ende: »Es war der Traum meines Lebens, Paris sehen zu dürfen. Ich kann nicht sagen, wie glücklich ich bin, daß er sich heute erfüllt hat«. Einen Augenblick lang empfand ich etwas Mitleid mit ihm: drei Stunden Paris, das einzige und das letzte Mal, machten ihn glücklich, als er auf der Höhe seiner Erfolge stand* (Speer, a.a.O.).

Der erste und einzige Besuch an dem Sehnsuchtsort eines verhinderten Anfangs bekräftigt Hitlers konstitutionelle Einsamkeit. Auch das ist eine Wirkung jener Urwirkung, der jeder, der Paris das erste Mal besucht, zu spüren bekommt. *Die Gläser klirren leicht aneinander, Hitler bleibt sitzen und führt – nach einem entschuldigenden Blick auf Keitel – aus Höflichkeit das Glas an die Lippen, trinkt aber nicht. Einsam, in sich zusammengekauert, verharrt er lange mit gesenktem Kopf, offenbar innerlich tief ergriffen* (Breker, 167).

Breker kannte genau, was er in seinem Staatsmäzen vorgehen sah. Es hatte lange Jahre gedauert, bis die Stadt auch ihn in ihren Kreis der Montparnasse-Avantgarde nach 1918 aufgenommen hatte.

*So hart auch die Überwindung der ersten Einsamkeit scheint, gilt es doch vordringlich, Sprache und Lebensgewohnheiten zu verstehen und in sie einzudringen, desto sicherer ist die Stunde der Aufnahme in die Sphäre des Gastlandes. Ist das Tor einmal durchschritten, das zu dem Lebensgeist dieses Volkes führt, durchströmt die Wärme heimatlicher Geborgenheit den Körper, und dieses Gebundensein wird nie wieder weichen. Der Kampf ist hart – ernst – nicht immer hoffnungsvoll – aber das Klima dieser Stadt läßt immer einem Optimismus Raum – auch wenn der Magen knurrt* (Breker, 27f.).

Für den Bildhauer des Pseudomythos einer Pseudostaatsidee endete der erzwungene Ausflug im Juni 1940, der mit der Verängstigung begonnen hatte, die der morgendliche SS-Besuch zwei Tage zuvor wecken musste – *Beim Abschied von meiner Frau spüre ich, wie verstört wir beide sind – in einer*

*Diktatur ist alles möglich* (152) – mit der Beruhigung, von nun an in der ungetrübten Gunst des Machthabers zu stehen. Auch dazu trug Paris bei. Des Diktators Faible nahm ihm die Zweifel an der Loyalität des Künstlers, der ihm für seine Monumentalrepräsentationen unentbehrlich war. So konnte der Staatskünstler sich – Glaubwürdigkeit seiner Erinnerungen unterstellt – auch einmal leisten, was andere unverzüglich zu Staatsfeinden machte, und Verfemten helfen.

## Arroganz der Verschonung

Paris enttäuscht immer. Bevor es seine Wirklichkeit erschließt.

Wie der Krieg selbst die Perversion des Lebenswillens zur Todesentschlossenheit ist, so gehört zu seinen schlimmsten Verwüstungen die Verkehrung der Werte in ihr Gegenteil. Gut wird, was dem Leben schadet; schlecht, was gegen Leben nichts ausrichtet. Diese Wirkung, die zugleich seine Ermöglichung ist, setzt sich auch über sein Ende hinaus fort.

Das erfuhren die Pariser, als mit der Befreiung von deutscher Besatzung die Amerikaner und Engländer kamen, die sie herbeigeführt hatten.

*Bei ihrer Ankunft in Paris waren viele Engländer und Amerikaner überrascht darüber, uns nicht so mager vorzufinden, wie sie gedacht hatten. Sie sahen elegante Kleider, die anscheinend neu waren, Sakkos, die von weitem noch anständig wirkten; selten begegneten sie jener Blässe des Gesichtes, jenem physiologischen Elend, die gemeinhin für Entkräftung sprechen. Enttäuschte Fürsorge verwandelte sich in Groll: ich fürchte, sie nahmen es uns ein wenig übel, dass wir nicht ganz dem pathetischen Bild entsprachen, das sie sich vorher schon von uns gemacht hatten. Vielleicht fragten sich manche von ihnen insgeheim, ob die Besatzungszeit wirklich so schrecklich gewesen war, ob Frankreich letztlich die Niederlage nicht als eine Chance betrachten musste, die es aus dem Spiel gebracht hatte und die es ihm ermöglichen würde, seinen Platz als Großmacht wiederzufinden, ohne ihn durch große Opfer verdient zu haben; vielleicht dachten sie, wie der »Daily Express«, dass die Franzosen, verglichen mit den*

*Engländern, während dieser vier Jahre so schlecht nicht gelebt hätten* (Sartre, »Besatzung«, 39).

Wie auf der Probe der Enttäuschung bestehend, der Paris jeden unterwirft, der es betritt, setzte es ihr auch seine Befreier aus. Das Paris, das noch, oder wieder, ganz so war, wie es der Erwartung des Fremden entsprechend sein sollte, verwandelte sich in ihren überraschten Augen in ein verkehrtes Paris. Welche Bekräftigung seiner Arroganz, von dem schlimmsten aller Kriege, der Europa seit dem Dreißigjährigen heimsuchte, fast unberührt geblieben zu sein.

Gewiss war es anders. Aber dass es von den ersten Nachkriegsankömmlingen offenbar so ausschließlich so wahrgenommen werden konnte, dass Sartre sich gezwungen fühlte, ihnen zu erklären, wie es sich wirklich verhielt, ist ein Zeugnis der Unbesiegbarkeit wenigstens des Pariser Mythos'. Das Unglück, das an ihm abzuperlen schien, zeigte es im Kern seiner Wirklichkeit unerschütterbar, der in unablässiger Folge Generation um Generation in seine Mauern trieb, um das Geheimnis einer Glücksverheißung zu erfahren.

## Nachgeholte Selbstentdeckung

Maler waren die ersten, die sich die neue Technik der Fotografie zunutze machten. Ihre Motive brauchten sie nun nicht mehr vor Augen zu haben, um sie zu bilden. Was die Portraitmalerei zunächst vereinfachte, führte schließlich zu ihrer Ersetzung. Das Hilfsmittel der Darstellung wurde zu deren Medium.

Überall und jederzeit einfach herstellbar, war das Foto als Dokument bedeutender Augenblicke, von denen jedermann erfahren sollte, weil es sich ereignete, dazu prädestiniert, zum öffentlichen Bild schlechthin zu werden. Umgekehrt wird alles, was ein Foto festhält, bedeutend, wie banal es auch sei. Der Fotograf wird zum Zeugen der Geschichte.

Als junger Absolvent der Akademie, die er als Maler verlassen hat, meldet Lothar-Günther Buchheim sich 1940 zur Marine und wird Kriegsberichterstatter. Unter Einsatz beider Bildtechniken dokumentiert er zeichnend und fotografierend die Seeschlacht der deutschen U-Boot-Flotte im Atlantik.

Dreißig Jahre später entdeckt der zum manischen Sammler gewordene in seinem Archiv wieder, was er davon aufbewahrte. Nach und nach, mit jedem Film, den er in der Dunkelkammer entwickelt, steigen die erst blassen, dann immer deutlicheren Erinnerungen aus den Tiefen des Gedächtnisses auf. Der Fund wird zur verwirrenden Konfrontation mit sich selbst. Je länger er die Zeugnisse seines jungen Ichs betrachtet, desto ungewisser wird ihm, dass er es war, dessen Lebensdokumente er vor sich hat. *Ich entdecke mit meinen alten Fotos mich selber. Sie sind in verschiedenen Jahren gemacht. Einmal war ich 27, dann 30. Wie alt hier? Ich gerate mit mir selber durcheinander. Welcher bin ich? Der oder der? Warum hat dieser junge Mann diese Fotos gemacht?* (*Mein Paris*, 9).

Ihre Betrachtung wird zur *Spurensicherung. Ich bin mir selber auf der Spur. Ich könnte, wenn ich mir die Mühe machte, von den Filmen alle meine Ortswechsel in jener Zeit ablesen und etwa wie ein Detektiv auf eigener Fährte – feststellen, wie oft und wann ich in Paris, in München, in Brest, in Berlin war* (a.a.O., 14). Doch so klar die Erinnerungen werden, so ungewiss bleibt, was sie für ihn als Person bedeuten. *So sehr ich mir auch den Kopf zerbreche, finde ich doch nicht heraus, was mich damals antrieb* (a.a.O., 10).

In der Erinnerung vervielfacht sich ihm sein Ich. *Wie soll ich heute über Paris schreiben? Was schreiben? Ich kann kein Fazit anbieten. Nur erzählen vom visuellen Erlebnis eines anderen, von Dutzenden von Burschen meines Namens* (a.a.O., 15).

Seinem gewesenen Ich verwundert nachspürend, konzentriert er sich auf sein damaliges Paris Erlebnis. *Die Zeitmaschine dreht sich rückwärts: Ich bin wieder fünfundzwanzig Jahre alt, habe meine Contax II vor der Brust, Agfa-Isopan-Filme und einen winzigen Belichtungsmesser in der Tasche – für die Matrosenhose ist er schon zu groß, sie beult aus. Ich fahre zum ersten Mal in Paris ein. Auf der Ladepritsche eines Zweieinhalbtonners der deutschen Kriegsmarine hockend starre ich achteraus. In einem Dreiecksausschnitt, der sich aus den zurückgeschlagenen Planen und der achteren Planke bildet, flüchten Straßenzüge vor mir weg: Noch jedes Firmenschild wird mir zur Offenbarung. Ich hocke da und starre auf den dreieckig beschnittenen Film. Die Erregung von damals hält mich wieder gepackt. Die Jahre, die dazwischen liegen, sind eliminiert. […]. Was für eine verrückte Situation: in der engen feuchten Dunkelkammer zu stehen und dabei mit süchtigen Augen nach Paris hineinzufahren* (Buchheim, a.a.O., 8).

Mit einem Mal werden die Empfindungen von damals wieder lebendig. Erinnerung erweitert sich zur Nachempfindung. Was die Fotos ihm zeigen, wird wieder Bestandteil seines Selbst.

Als Besatzungssoldat nach Paris gekommen, setzt die Atmosphäre der Stadt in ihm frei, was sie seit jeher am stärksten ausmacht. Nichts will er weniger sein als der Soldat, der er ist. Zivilist will er sein, aus dem Krieg austreten, und sich ins Getriebe der Stadt begeben.

*Plötzlich spüre ich wieder meinen brennenden Wunsch: die Uniform vom Leibe zu reißen. Was für ein Hochgefühl war der Klamottenwechsel in Paris! Kaum im Hotel angekommen, verwandelte ich mich auch schon in einen Zivilisten. Sich wie ein normaler Mensch bewegen, Arme baumeln lassen, aus der Hüfte laufen, den Schultergürtel locker halten, den Krampf lösen – auf all das forcierte Gehabe pfeifen. Die Franzosen beim Räsonieren über die deutsche Wehrmacht belauschen – welch ein Spaß. Und abends im ›Bobino‹ – was bekam ich da alles spitz dank meiner Argo-Büffelei* (a.a.O., 11). Paris zivilisiert. Beobachtender Teil des Lebens hier will er sein, nichts sonst. Am wenigstens aber, was er tatsächlich ist, Angehöriger der Besatzungstruppen, Matrose auf Landgang. *Damals habe ich, wenn die Besatzer ins Bild kamen, weggeguckt – auch mit der Kamera* (13).

Er setzt sie ein, um festzuhalten, was ihn ergriffen hat. *Die erste Ankunft war atemberaubend. Und auch später noch nahm ich Paris wie im Rausch an die Brust, ich sog es ein, schlang es gierig in mich hinab – ein ausgehungerter Gargantua, der von der Stadt nicht genug bekommen konnte* (a.a.O., 46).

Als hätte es die Strapazen des Militärtransportes nicht gegeben, zieht es ihn begierig hinein in das Leben, das es für den Soldaten nur noch auf Fronturlaub gibt. *Ich schicke den Fahrer mit meinem Gepäck los: Ich will laufen. Als Folge der Übernächtigung bin ich hellwach. Das Sehen ist nicht nur Augenmerk. Ich sehe mit dem ganzen Körper. Meine Sehnerven setzen sich fort in die Halswirbel, sie laufen in das Rückenmark, durch die Brustwirbel hinunter bis in die Lenden. Ich lasse die Augen schweifen, versuche mit einem Blick ganze Fuder Augenfutter einzuheimsen: Die Reklameschriften, die Mansarden, die Eisengeländer vor den Fenstertüren, das Verblauen in der Ferne. Das Licht von oben durchsickert alles, gibt jedem Ding einen Anhauch von Transparenz.*

*Ich bin ohne Zweifel leichter als sonst. Die Straße senkt sich – ich bin so leicht, daß ich schweben könnte. Ich brauche nur anzulaufen und mich vom Trottoir abzustoßen. Zugleich spüre ich mich selber deutlicher als sonst: Nerven, Mark, Knochen, Muskeln, die blutprallen Adern. Jetzt bin ich endlich wie der Baum aus den medizinischen Atlanten: unio mystica auf dem Boulevard de Sébastopol* (a.a.O., 47). Aus dem Todeswahn des Krieges ist er zum Leben auferstanden.

Er sucht die Welt der kleinen Leute, meidet die Viertel der Reichen, die von sich nichts preisgeben. Auch er lässt Paris sich im Profanen des Alltags offenbaren.

*Mein Paris – das waren nur im Krieg die Luxushotels. Dann aber so schäbige Herbergen wie diese hier. ›Hôtel du Midi‹ – was für ein hochstapelnder Name! Und trotzdem: Wie sollte eine so dürftige Herberge denn anders heißen? Etwa ›Aux Morbillions‹? Hin und wieder stieß ich bei meinen Streifzügen in dieser Gegend auf eine Oase und fühlte mich gleich zu Hause: Ein Bistro, in dem ein Wirt mich als Fremdling mit aller Gastfreundlichkeit seiner Heimat umgab und ein Couscous so gut kochte, wie ich es noch nie bekam* (a.a.O., Bildteil, unpaginiert).

Die erwartungsfiebrige Erregung wird sich bei jeder späteren Ankunft, von denen es nach dem Krieg noch viele gab, wiederholen – *nicht mehr mit dem Flugzeug, immer auf der Gare de L'Est. Diese Ankünfte frühmorgens: Wie die Schlafwagenschaffner schon lange vor dem Einrollen des Zuges in die triste Eisenkonstruktion ihre grauen Wäschesäcke in den Gang türmen, als ginge es darum, den Weg zu den Türen mit Barrika-*

*den zu versperren. Die letzten, schlafverklebten Blicke auf die gelben Erlen am Ufer der Marne. […]. Dann kommt endlich das verrückte Häusergewimmel der Banlieue – tausend Villen und Pavillons, Wartburgen, Schweizerhäuser, Wüstenforts und zuletzt der tiefe Canon, der in den Bahnhof mündet. Im Ausschnitt der Hallenkonstruktion das gleiche milchblaue Gewölk, das Monet malte, und höher oben am Himmel, zwischen den Eisenträgern, ein orangefarbenes Leuchten, das von den blankgeschliffenen Gleisen reflektiert wird. Sie liegen wie helle Nervenstränge in der Hallendüsternis. Kaum ein Mensch auf dem Bahnsteig zu dieser frühen Stunde* (a.a.O., 46).

Zuverlässig zieht es ihn auf seinen Promenaden durch die Stadt an ihre Lebensader. *Wie immer, wenn ich mit mir zurechtkommen will, gehe ich an die Seine. Seineaufwärts glühen ein paar Mansardenfenster wie von Zimmerbränden auf. Dann wird das ganze Haus von dunkel glosendem Rot entmaterialisiert, der schwere Sandstein transparent. Die Quai-Mauer stößt, von der verjüngenden Perspektive zum Pfeil gespitzt, schwarzviolett in den Farbrausch hinein. Kein Mensch außer mir scheint zu bemerken, was dem Haus widerfährt* (a.a.O., 54).

Im Blick des Malers verwandelt sich, was er sieht, in ein surrealistisches Farbenspiel.

Je intensiver die zunächst so selbstbefremdend verwirrenden Erinnerungen werden, desto mehr führen sie ihn zu dem zurück, was er ist. Was ihn in Frage stellte, hat sich zur Selbsterfahrung entfaltet. Sich daran zu erinnern, wer man in Paris war, ist ein Anker der Selbstvergewisserung.

**10** *Watchbag*

# Europas Summe

## Heimkehr zu sich selbst

Die letzte Nacht der Überfahrt von New York nach Cherbourg auf einer nur halb belegten Queen Elizabeth erlebt er schlaflos. Nicht nur, weil die junge Frau, die es ihm angetan hatte, dann doch lieber mit dem jungen Diplomaten schlief. Die bevorstehende erste *Wiederberührung mit Europa* bereitet ihm Herzklopfen und Herzschmerzen. Noch eine Woche später ringt er um Fassung, als er am 28. Oktober 1949 in Paris die erste Tagebucheintragung nach der Ankunft macht.

*Das graue Profil der Bretagne. Das vage und doch so bestimmte Gefühl: ganz anders als in Amerika. [...]. Das satte Grün. Die hohen alten sprechenden Bäume, auch Birken. Dörfer, Kirchen aus Stein. Wege mit Rainen, nicht chaussiert. Muntere kluge Pferde. Eine Kuh mit dem Kopf eines Komikers. Gespräch mit dem klugen Kellner. Die Türen, die man schließen muß; die amerikanischen Reisegefährten, die das nicht wissen. Alles in einem nie gekannten Zustand von Rührung und Außer mir sein.*

Aber erst die Ankunft in Paris vollendet die Rückkehr nach Europa.

*Es steigerte sich in Paris bis zum Paroxysmus. Mit Mühe die sieben Stücke gehütet, Magda ganz vergessen, nicht einmal verabschiedet. Die Unterhaltung mit dem Chauffeur. Die Namen der Straßen und Gebäude wirkten auf mich, wie es auf Hölderlin müsste gewirkt haben, hätt er den Helikon und Parnaß leibhaft gesehen. Auf der Place de la Concorde geheult.*

Dort war vor hundertfünfzig Jahren der fallende Kopf eines Königs zum Unterpfand für Freiheit, Bürger- und Menschenrecht gemacht worden, in der Revolution, die nach dem freimütigen Bekenntnis ihres Propagandaministers von Hitlers Herrschaft aus der Geschichte hatte gestrichen werden sollen.

Das erste Wiedersehen mit Paris wird für Adorno zu einem viertägigen Fest, nachdem er den *Riß: kein Benjamin da*, notdürftig geschlossen, und sich an das mondäne Leben des intellektuellen Großbürgers überlassen hat, das Paris ungebrochen bietet. *Feierte gestern abend Ankunft allein mit Belon-Austern (nicht so gut wie Marennes) und kalter Rebhuhnpastete.*

Am folgenden *strahlenden Herbsttag* lässt er sich *über die Straßen treiben, ohne Ziel, wie in alten Zeiten. Die Anmut der Menschen, das Lächeln, das Humanisierende der Sprache.* Sie, die Sprache, wird ihm zur ganzen Ankunft. Sie holt ihn im wiedererreichten Europa so vollkommen zu sich selbst zurück, wie es das rettende Exil in Amerika nicht konnte.

*Der typische Gestus in Paris – über alle inefficiency, jede Dummheit durch den Gestus der Intelligenz, eigentlich durch die Sprache hinwegzukommen. Endlich brauche ich mich nicht zu genieren, so höflich zu sein wie ich bin. Paris ist die Vollendung Europas, weil es einem gestattet, zu sein, wie man ist.*

Eines nur fehlt noch: das Siegel des Sexus, ohne den Paris für den dauererregbaren Erotiker nicht wirklich wäre.

Nach einem Mittagsschlaf und dem anschließenden Cocktail geht es am zweiten Abend statt zum Nachtmahl zur Place Pigalle: *nette völlig bürgerliche junge Dirne*. Da der intentionale Libertin ein existentieller Bürger ist, anschließend *etwas schlechtes Gewissen*. Um Elf dann im Bett. Wieder alleine.

Einige Stunden früher hat er eine ihm ganz neue Erfahrung mit dem Alleinsein gemacht.

*Meine Beobachtung, dass ich allein, ohne Gretel nicht mehr gern lebe. Keinerlei Freude an der sogenannten Freiheit. Ohne dass ich es wusste, hab ich die Ehe realisiert.* Auch das vermochte Paris zu wirken, die Stadt des Mythos' der ›freien Liebe‹.

Die Erregung der Pariser Wiederkehr wiederholt sich nicht, als Adorno Anfang November in Frankfurt am Main eintrifft. *Die Erschütterung bei Wiederbetreten Deutschlands, dem Wiedersehen mit der Vaterstadt blieb ganz aus.* An ihre Stelle tritt nüchterne Beobachtung. *Die Altstadt ist ein nightmare, ein Angsttraum, in dem man alles an der falschen Stelle sieht, so den ganzen Dom, vom Römerberg aus. Erst auf dem Eisernen Steg kam mir das Phantastische des Ganzen recht ins Gefühl; mir war als wäre ich nicht da* (Adorno, *Eine Bildmonographie*, 206–211).

Paris dagegen hatte die Zwischenwirklichkeit der Emigration in der Wesensfremde zur Wiederherstellung lebbarer Identität aufgehoben. Nach Frankfurt mochte er durch Herkunft und Lebensgeschichte gehören, wo es für ihn nun wieder zu tun geben sollte, wofür er lebte; Paris blieb das Modell möglicher Heimat, wie für Adorno sonst nur sein Kindheitsparadies Amorbach.

Er war noch oft dort. *Eigentlich betrachte ich jedes Jahr als verloren, in dem ich nicht dorthin gelange*, schreibt er am 20.11.1962 an Elisabeth Lenk.

**11** *Bug rescue*

## Jagd nach Hässlichkeit

Im Frühjahr 1963 aus Südamerika zurückkehrend, wird die Wiederannäherung an Europa für Witold Gombrowicz in Paris zur Qual.

Dort ist er *seit dem Jahre 1928 nicht gewesen. Fünfunddreißig Jahre. Ich schlug mich damals als Student ohne jede Bedeutung durch die Welt. Heute kommt Witold Gombrowicz nach Paris, also Empfänge, Interviews, Gespräche, Beratungen ... und man muß sich ja einen Effekt organisieren, ich fahre nach Paris, um zu erobern. [...]. Und ich bin krank! Trockener Mund, trüber Blick, Fieber ...*

Je deutlicher ihm wird, was ihn erwartet, desto größer wird sein Unbehagen.

*In dieser Abgespanntheit quält mich die Notwendigkeit, von der ich weiß, daß sie unvermeidlich ist – daß ich in Paris ein Feind von Paris werde sein müssen. Was ist da zu reden! Sie werden mich allzu leicht hinunterschlucken, wenn ich ihnen nicht wie ein Knochen im Halse stecken bleibe – ich werde nicht fähig sein, existent zu werden, wenn sie mich nicht als Feind empfinden werden.*

Noch nicht da, weckt Paris die Überlebensinstinkte, die vitale Rivalität, den Kampf um Wahrnehmung. Sie steigert sich zur Vision der Feindschaft.

Es ist das eine Geste des Selbstschutzes vor der schmerzlichen Indifferenz der Stadt, die für einen unerträglich sein muss, dessen Selbstunbeständigkeit notorisch ist und der sein Selbstvertrauen an die Idee der ›Jugend‹ gebunden hatte.

Paris macht deutlich, *wie* fremd einer sich selbst ist, wenn er es ist.

Noch auf dem Weg, notierte Gombrowicz sich in Barcelona: *Es entsetzt mich unsagbar und erfüllt mich mit Verzweiflung, daß ich mich an diesen Stätten herumschleppe, selbst etwas noch Unbekannteres als alle unbekannten Stätten. Kein Tier, kein Reptil, Schalentier, kein imaginäres Monstrum, keine Milchstraße sind mir so unzugänglich und fremd wie ich selbst. (Ein banaler Gedanke?)*

So gibt er sich, angekommen, die größte Mühe, mit Verachtung da zu sein.

*Was ist das? Die Möglichkeit, Paris zu hassen – diese Möglichkeit, die sich mir geradezu aufdrängte als eine Notwendigkeit im Kampf um die Existenz – sie ist schon erwacht und sucht Nahrung. Passanten, die ich, mit Jelenski im Café sitzend, gesehen hatte, ein wenig von ihnen und der Akzent und Geruch des Franzosentums hatten schon genügt; die Bewegung, die Geste, der Ausdruck, die Kleidung – und schon brechen in mir Antipathien hervor, seit langem genährte. Werde ich bereits zu einem Feinde von Paris? Nicht von heute erst kenne ich die verborgenen Quellen meiner Parisophobie, ich weiß, daß diese Stadt an meine empfindlichste Stelle stößt, an das Alter, an das Problem des Alters, und wenn ich etwas gegen Paris hatte, so weil es eine Stadt ›nach den Vierzigern‹ ist. Ach, wenn ich sage ›nach den Vierzigern‹, so meine ich nicht das Alter dieser tausendjährigen Mauern, sondern daß dies eine Stadt für Menschen ist, die sich den Fünfzigern nähern.*

So fixiert er sich darauf, danach zu suchen, was jeder Fremde, stößt er darauf, zu übersehen bemüht sein wird.

*... aber bei jedem Kontakt mit den Pariser Straßen suchte ich Häßlichkeiten – und fand sie.*

Sich naturgemäß immer mehr von seinem Ideal entfernend, wie es das Altern mit sich bringt, wird der Poet der Jugendlichkeit unduldsam, bösartig.

*Die große, wahre Schönheit des Menschengeschlechts, die junge und nackte Schönheit, ist durch die Zylinder hinab zu den Statuen gestoßen worden, die still unter den Bäumen von Paris stehen, diesen Statuen schauen die Zylinder mit Kennerblick zu, als wenn sie nichts weiter als ein Objekt ihres berechtigten Genusses seien. Indessen, wenn der Verzicht auf eigene Schönheit lobenswert ist, falls er zu reiner Kontemplation führt, so wird er ein wenig ekelhaft, wenn er sich unter dem Zeichen von Gelüst und Begierde vollzieht. Wenn etwas für mich – so dachte ich, durch die Avenuen schreitend – unästhetisch ist bis aufs Mark, so ist es der Feinschmecker ... so ist's Paris!* (Gombrowicz, *Berliner Tagebuch*, 36; 37; 39; 43; 46).

## Dichterutopie

Dem zur Einsamkeit Begabten, oder mit ihr Geschlagenen, empfiehlt die Stadt sich als idealer Ort, wie Hans Erich Nossack feststellte, als er sie am 20.4.1964 am Vorabend einer Lesung durchstreift. *Bin drei Tage in Paris, habe keinen Menschen gesprochen, sitze im Hotelzimmer, die Sonne scheint durch den Fensterladen – es ist ganz unglaubhaft, daß ich heute Abend hier lesen soll.*

*– Fuhr morgens zum Quai d'Orfèvres, um den alten Flinker in seiner librairie zu besuchen. Er war verreist. Ich habe Pech mit allen Pariser Bekannten. Ging dann lange durch die Straßen, Place Vendôme usw.*

*– Zweifellos die ideale Existenzform für einen Schriftsteller, diese ganz einzigartige Einsamkeit in einer solchen Stadt wie Paris, mitten in dem Lärm und Leben, ohne einen Menschen zu kennen. Wenn man nur acht Tage zu Besuch ist, läßt sich nicht viel damit anfangen* (Nossack, *Tagebücher*, 694).

Aber schon vier Tage später wird daraus ein Fehlurteil geworden sein, es scheint ihm zu widerstreben, schon wieder abzureisen. *Koffer gepackt, bin ganz heimisch in dieser rue Lauriston geworden, kenne die Katzen bereits usw.* (a.a.O., 696). So sehr, dass er so ganz in Paris anzukommen beginnt, als er schon nach Nizza weitergereist ist. *Wie die jungen Leute sonntags ihre motorisierten Fahrräder besteigen, um zu ihren Vergnügungen zu fahren, oder alltags, wenn sie zu ihrem Beruf gehen und die Kinder in die Schule, und dann die Frauen beim Einholen und einem kleinen Klatsch, und dann wieder die Männer in einem Bistro oder an einer Bar mit wichtigen Gesten, und selbst die etwas gelangweilten Hunde und die Katzen –, das ist ganz kreatürlich, kollektiv, anonym, so müßte man das Leben schildern, nur so, ohne Hintergrund, große Probleme, abstrakte Ideen, politische, moralische, religiöse Phrasen, die doch diesem selbstverständlichen Dasein gegenüber geradezu lächerlich wirken* (a.a.O., 697).

In der nur scheinbaren Leere unzugehöriger Anwesenheit findet er als Beobachter der Fülle des banalen Lebens ein Ideal des Schreibens.

Weil Paris einem das auf Schritt und Tritt demonstriert, ist seine Fremdheit eine einladende Fremdheit. Es ist eine Einladung zum Leben, es kennenzulernen, sich hineinzubegeben, aber ohne das Versprechen, dass es irgendetwas für einen bereithielte außer dem, das man sich selbst zu verschaffen weiß.

So wenig, wie sie von sich aus gibt, so wenig fordert die Stadt von einem.

*Unfaßlich, wie wenig sie insistiert. Es gibt wohl keine, in der sich weniger übersehen läßt, in der weniger übersehen wird, als in Berlin. Darin erscheint der organisatorische und technische Geist, der es im Guten und Schlechten beherrscht. Dagegen Paris. Wie sehr die Straße selber hier gewohntes, ja ausgewohntes Interieur ist, wieviel man tagtäglich, selbst in den vertrautesten Teilen, nicht sieht, wie vom rechten auf den linken Bürgersteig hinüberzuwechseln nirgends entscheidender ist – man muß Paris lange bewohnt haben, um das zu wissen. Woher diese Unscheinbarkeit, die an den Bedürfnissen und Fähigkeiten des Geringsten sich ausrichtet?* So hatte Walter Benjamin es erlebt (Benjamin, »Pariser Tagebuch«, 568).

Hinter Diskretion und freundlicher Unverbindlichkeit lauert keine Gleichgültigkeit. Latente Zuwendungsbereitschaft wartet auf den, der sie unaufdringlich zu wecken versteht.

Auch ohne familiäre oder freundschaftliche Zugehörigkeit trägt den, der nichts erwartet, das Empfinden, wenn es erforderlich sein sollte, wird man für einen da sein, den entscheidenden Moment lang, praktisch, lebenstüchtig, ohne Ansprüche und ohne Verbindlichkeiten. Man muss nicht dankbar sein für das, was einem erwiesen wird, wenn es erforderlich ist, weil es sich versteht.

Das kann sich zu einem tiefen Empfinden steigern, das Leben sei schuldlos möglich. Nur hier konnte es einen zur Weltverzweiflung Geborenen wie Émile Michel Cioran geben; hier konnte er in einem achtzigjährigen Leben ein Werk als Litanei des schuldverseuchten Daseins schaffen, ohne sich am ersten Tag das Leben nehmen zu müssen. Nur, Ansprüchen geteilter Gemeinschaft nicht genügen zu können, löscht einen vor sich selbst aus; nicht, gar nicht erst zum Versuch zugelassen zu sein.

*Es ist auch ein wunderbarer Ort, um unglücklich zu sein, um die gemieteten Zimmer und die Ekstasen, die sie bargen, zu vergessen, denn Paris ruft eine Traurigkeit wach, ohne daß diese in Verzweiflung mündete. Ich würde hier nicht Selbstmord begehen, nein; wäre ich einmal so weit, gäbe es immer noch viele Dinge, die ich gern täte und die die Wirkung von Musik hätten: ich würde auf den Fluß schauen, seine Schönheit würde meinen Leib zurückweisen; ich würde zur Fontaine des Innocents gehen, und die Erinnerung würde meine Schritte zum Jardin lenken* (Adnan, *Paris*, *Paris*, 79).

Dass die ›Schönheit des Flusses‹ Paul Celans Leib nicht zurückwies, als er sich am 20. April 1970, dem Geburtstag Hitlers, in der Seine ertränkte, hatte mit Paris nichts, mit der historisch besiegelten Unmöglichkeit seines Lebens alles zu tun. Er starb in Paris, nicht an Paris.

Hier kann man Metaphysiken des Suizids schreiben, weil inmitten des teilnahmslos um einen pulsierenden Lebens der Impuls zur Ausführung nicht aufkommt.

Dramen kennt Paris, aber keine Tragödien.

**12** *Coloured Notes*

## Unglücklich in der Schule des Glücks

*Entzückte und verbitterte mich.*
Wolfgang Koeppen, an seine Frau Marion, 25.4.1958

*Ich fühlte mich hier zu Hause.*
Wolfgang Koeppen, Amerikafahrt

*Meine liebe gute Marion, ach, wie war ich krank und verzweifelt in Paris, wie stand ich auf den Telephonämtern, wie war ich in Sorge nach deinem ersten Telegramm, das mir ja das Schlimmste deutlich sagte, – und wie schön war dabei Paris, wie schön der Tag, wie schön und freundlich Frankreich, dieser liebliche Garten*, schreibt Wolfgang Koeppen am 24. April 1958 an seine Frau, an Bord der ›Liberté‹, die ihn von Le Havre nach New York bringen wird.

Die letzten Tage in Paris vor der Abfahrt setzen Fieber und Schmerzen ihm als Reaktion auf die Impfung zu, der er sich hatte unterziehen müssen, um seine Reise antreten zu können: *Ich trank Tee und fühlte mich sehr schwach. […]. Das Fieber stieg. Ich trank eine Citrone. Keinen Alkohol.* Vor allem aber quält ihn die Dauersorge um die Frau, mit der er nicht leben, und ohne die er nicht sein kann. Zermürbt von den Torturen des unmöglichen Lebens mit der Alkoholkranken, hat er die Angebote angenommen, für den Rundfunk auf Reisen zu gehen, nach Russland und England, in die USA und nach Frankreich. Die Flucht aus dem privaten Unglück lässt ihn zum bedeutendsten Reiseschriftsteller der deutschen Nachkriegsliteratur werden. Sich als Person mühsam im Aufschreiben erhaltend, wird er in den folgenden Jahrzehnten an der Vergeblichkeit seiner Bemühungen, seine Frau zu retten, als Autor zugrunde gehen. Jeder Abbruch jedes neuen Anlaufs, das Notierte zu einem neuen Buch zu verdichten, wird zum Zeugnis der Vergeblichkeit eines Lebens in der Abhängigkeit von einem anderen. Nur für den, der das andere für das eigene Leben nicht braucht, kann es im Miteinander die fördernde Wohltat werden, nach der man sich sehnt.

Auf der Überfahrt berichtet er der in München Gebliebenen ausführlich von seinem kurzen Aufenthalt in Paris. Genießen kann er ihn nicht, *Paris strömte an mir vorbei*. Aber er saugt die Atmosphäre der ›blühenden‹ Stadt auf. *Schönes Paris! Herrlicher Boulevard St. Michel. Studenten. Neger. Araber. Die Restaurants! Die Preise gehen sogar. Mit zehn Mark pro Mahlzeit kämen wir hin. Natürlich nicht üppig. Mit 16 Mark wäre es aber schon gut. Grosse Liebe zu Paris. Grosse Liebe zu Marion!*

Im Juni 1933 war er das erste Mal da gewesen. Und er findet *Alles, alles unverändert!* Ausgenommen ihn selbst. *Ja, ich war in Paris, saß am geliebten Platz, saß auf einem wackligen Stuhl, streichelte die Katze*, hatte er einige Jahre vor dieser Reise in einem Feuilleton »Schön gekämmte, frisierte Gedanken« geschrieben. *Es war zwanzig Jahre her, daß ich hier gewesen war. Warum war ich jemals weggegangen? Ich war zwanzig Jahre zu spät zurückgekommen, und alles war verfehlt, und alles war falsch geworden, das Leben war gerettet, aber das Leben war vertan, versäumt, vergeudet, wie Sand aus eines Narren Hand gegen die Sterne geworfen* (161). Verbitterung zu verscheuchen, stellt er sich vor, noch einmal jung zu sein, und in Paris zu bleiben. Die Erinnerung löst bei ihm aus, was die Stadt bei jedem weckt, der nicht nur zu einer Touristenvisite kommt, die Vorstellung eines anderen Lebens. *Ich würde Medizin studieren, das Herz untersuchen, Gehirne wiegen, ich gewönne Freunde, den Sohn eines Häuptlings von Kukawa am Tschad-*

*See, der von einem Lehrstuhl für Philosophie im russischen Königsberg träumt, [...] ich hätte Freundinnen, eine Chinesin aus Saigon, eine Kommunistin aus Clignancourt, eine Kleiderträgerin vom Platz Vendôme [...]. Ich werde Armenarzt in Paris. Jeder Bettler kennt mich, die Huren sind meine Schwestern. Jeder Gesetzesbrecher traut mir. Ich kenne den Untergrund des Lichts. Und erst nach all den Jahren, reif an Erkenntnissen und Erfahrungen und voll Verachtung für die Praktiken der Verleger und Kritiker, schreibe ich ein Buch* (162 f.). Die präzise Phantasie des Autors verwandelt die Tagträume seiner Person in den poetischen Stoff des Buches, das er wirklich schreiben wird.

Seinem ganz unpoetisch elenden Zustand am Vorabend seiner Amerikareise im Frühling 1958 zum Trotz, promeniert er, beobachtet, erinnert sich, sucht einen Arzt auf und trifft Bekannte. *Ich taumle aus dem Hotel. Ich muß jetzt noch was trinken. Die Gegend um die Gare St. Lazare ist mir ziemlich unbekannt. Aber sie ist nett. Nette, kleine Lokale mit, wie ich glaube, gutem und billigem Essen. Jetzt speisen schon der Patron und seine Kellner. Ich trinke einen weissen Burgunder. Herb und angenehm. Billig. Aber ich bin traurig, traurig. Ich gehe zurück ins Hotel. Was kann ich verantworten? Zu fahren? Die Reise aufzugeben? Ich schlucke 3 Aspirin und schlafe kaum. Ich liebe dich doch!*

Hin und her gerissen zwischen den Impulsen, zu bleiben, weiter zu reisen, oder nach München zurückzukehren, verzögert er den Aufbruch. *Ich zögerte gegen meine Gewohnheit das Zum-Zug-gehen hinaus. Das Aufstehen von meinem Stuhl war sozusagen der Abschied von Europa. Warum konnte ich nicht in Paris bleiben, nicht dich kommen lassen? Ich ahnte nichts Gutes!*

Seiner Stimmung zwischen Verzweiflung und Resignation entspricht die Atmosphäre im Hotel Trianon in der Rue Vaugirard, in dem er abgestiegen ist, die *etwas Trauriges und Vertrautes, zugleich Gewalttätiges* hat, das ihn zusätzlich bedrückt. Jahre später wird er erfahren, dass der Schriftsteller

Ernst Weiß sich dort beim Einmarsch der deutschen Truppen am 15. Juni 1940 das Leben nahm (Koeppen, »Hermann Kesten«, 408). Er wird dazu beitragen, dass der vergessene Emigrant noch einmal lesbar gemacht und wiederentdeckt wird.

Was dieser verloren hatte, hält ihn aufrecht, und trägt seinen Entschluss, die Amerikareise trotz allem anzutreten, Hoffnung auf die Zukunft. *Wir müssen einmal länger in diesem Frankreich leben, das doch das angenehmste Land ist. Ich schalt mich verrückt, nicht zu bleiben* (*Briefe*, Nr. 154, 176; 183; 182; 174). Dazu ist es nicht gekommen. Doch im Frühjahr 1959 können sie gemeinsam eine längere Autoreise durch das Land seiner Sehnsucht machen.

In dem Buch, das davon berichten wird, findet sich keine Spur jener Zerrissenheit und Verzweiflung des vorigen Jahres. So wenig wie in dem Bericht von seiner Amerikareise, der mit einer Seite über Paris beginnt, einer poetisch verdichteten Durchdringung von Geschichte und Gegenwartserfahrung, im Blick eines objektiven Beobachters, der über seine persönliche Verfassung schweigt.

*In Paris auf dem Bahnhof St. Lazare, dicht bei Balzacs alter Rue d'Amsterdam, blühte Frankreich, spannte sich von Pfeiler zu Pfeiler das Netz der Hirngespinste, faulte Geschichte. Die lange, wie von milchig zerfließendem Absinth überglaste Passage war neunzehntes Jahrhundert, sie verkörperte eine große französische Epoche, sie war lächerlich und bewundernswert, sie war anrüchig und verführerisch. Das kleine helle Irrlicht der Aufklärung und die rührende bunte Wunderlampe der Literatur leuchteten. Sie leuchteten immer noch. Ich fragte mich, wie lange noch? Das Blut der Gloire und der Freiheit hatte den Boden gedüngt, das Blut war von Schicht zu Schicht gesickert. Der Duft des Huhn-im-Topf lag in der Luft, wie der Wolfshauch des Hungers, der Atem der Erhebung, der Mief der Malaise, das schalgewordene Parfüm der Skandale und der saure Geruch der Macht, die seit Jahrhunderten um die Bastille wehen. Ich fühlte mich hier zu*

*Hause. Ich hatte gelesen, daß nur wer im achtzehnten Jahrhundert in Frankreich gelebt habe, die Lust des Daseins kenne; dennoch liebte man in Paris die Revolution, den nie endenden Sturm auf die Zwingburgen, die Geister des Aufstandes waren von alters her zum Bankett geladen, man wünschte die Unruhe, hier war ich Europäer, und ich wollte es bleiben. Einer Maus wurde eine Schale Milch hingestellt, eine Katze sah der Maus begehrlich und träge zu. Algerien und die Folter waren fern und nah. An den Zeitungsständen war das Wort des Gewissens affichiert, Sartre und Mauriac riefen Zolas ›J'accuse‹, und der General sang vor hundert Kameraaugen die Marseillaise. Vor einem Bistro luden die wackligen Stühle zu gemütlichem Verweilen ein. Man schenkte den herben Weißwein aus, den nach Georges Simenon die Kommissare der französischen Kriminalpolizei lieben, was ihnen einen menschlichen Zug verleiht, der am Quai des Orfèvres enttäuscht. Frauen, für Umarmungen geboren, eilten mit ernstem Berufsgesicht zur Arbeit. Auf einem Leuchtbild warb eine üppige Blondine aus dem Samen Renoirs und als Matrose gekleidet für ein schäumendes Bier* (Koeppen, *Amerikafahrt*, 280f.).

Das Paris gewidmete Schlusskapitel seines Frankreichbuches, das er ein Jahr später schreibt, wird ebenso von der Nostalgie der Vergänglichkeit durchsetzt sein. Doch dessen Stimmung ist heller, aufgeheiterter; gegenwarts- und genussbereit. *Schon der Stadtplan von Paris ist ein Versprechen irdischer und geistiger Freuden*. Dabei ohne Beschönigung. *Wer Paris wirklich kennt, wer dort gelebt, studiert, geliebt, gearbeitet, gedacht, gestrebt, gelitten, vielleicht gehungert hat, wird schwören, Paris sei eine harte, eine böse Stadt. Ihre Dichter haben sie geliebt oder verflucht*. Was den Erwartungen, die den Reisenden herführen, keinen Abbruch tut. *Immer sind es Träume, die an die Seine führen* (*Reisen nach Frankreich*, 110).

Die Ambivalenz der Wirklichkeit der Stadt spiegelt sich in der nüchternen Begeisterung ihrer Wahrnehmung. Detailgenau und geschichtsbewusst registriert Koeppen den tatsächlichen Verfall des Mythos, dem Paris *lange als die schönste Stadt der Welt* galt. Doch *wer heute nach einem kurzen Nachtflug in Le Bourget landet, ist vielleicht nicht mehr bereit, die alte europäische Schönheit uneingeschränkt zu bewundern* (112). Das Paris erinnernd, das er ein Vierteljahrhundert früher kennenlernte, trifft er nun auf Verfall aller Art. *Auch die Revuetheater, die alten Luststätten hinter der Börse und den Markthallen, dem Ost- und dem Nordbahnhof, haben den unwiederbringlichen Zauber der Verführung verloren. Noch meinen manche, Engel und Teufel zu sehen, doch der Himmel wie die Hölle sind ausgestorben. In der Kulisse unserer Großväter – sie trugen ein verräterisches Verlangen nach einem Harem – ereignet sich das alte Frivole, selbst wenn es nackt geblieben ist, nun in einer nicht gereinigten, nicht freigestürmten, bloß sterilen Luft, und noch die schönste und herausgeputzteste Figurantin scheint wie in einem Frischhaltebeutel zu agieren, in einer durchsichtigen, etwas eklen Hülle, in der unschuldige Kinder arme Goldfische spazierentragen. Die Erwachsenen haben die soziale Unschuld verloren. […]. Die Moralisten dürfen frohlocken* (116).

So ernüchternd die Wirklichkeit, so bezaubernd wirkt sie zugleich auf die Person des Beobachters. Sein Selbstempfinden gleicht der Stadt, die ihm die Fragwürdigkeit des Lebens demonstriert, und dabei seine Lebenssucht stimuliert, von der er doch weiß, dass sie vergeblich ist. Aber hier zeigt die unabwerfbare Last sich zur Erträglichkeit gemildert.

*Der Platz des heilen Michael umarmt. Er breitet seine schönen starken Arme aus. Er empfängt wie eine Geliebte. Er ist das offene Tor zum lateinischen Viertel, der Hafen, wo ich landen wollte. Ich bin zu Hause. Ich bleibe vor dem Brunnen stehen, dessen Wasser wie aus der Front der hohen Häuser des Boulevard Saint-Michel fließt, und warte. Ich weiß nicht, auf was ich warte. Nichts könnte mich noch locken. Glücklich oder unglücklich zu sein, hier erfährt es eine Erhöhung und wird eins und gleichgültig* (117). Dem Virtuosen des Unglücks Wolfgang Koeppen schenkt Paris zwar nicht das Glück, aber die Freiheit, es entbehren zu können.

Auf seinen Promenaden ergreift auch ihn die stärkste aller Wirkungen, die Paris zu üben vermag, der Gedanke, ein anderer zu sein, als Moment der Ankunft bei sich selbst.

*Ich habe zur Nacht gegessen, ich werde in einem Bett schlafen, ich werde es warm haben, aber ich denke, ich könnte auch dies sein, der Bettler, der Trinker, der Ausgestoßene, der Verneiner, und es ist vielleicht ein christlicher Rest, ein alter Trieb, ein dunkles Wissen, daß ich in meinen Gedanken für einen Augenblick so sein möchte, kein Mönch in einem schönen Kloster, ein Anachoret der Straße, ein aus dem verhängnisvollen Kreis der Tat, ein aus dem ständigen Schuldigwerden Getretener, und Angst ist es, die fette bürgerliche Feigheit, die mich hindert, die mich errettet und erstickt* (122).

Die Atmosphäre im *Maquis der Clochards* gibt ihm ein Selbstportrait ein, in dem als Wunsch erscheint, was doch tatsächlich seine eigene Verfassung ist. Hier erlebt er sich unverstellt. Hier kann er ohne Hader, ohne Bedauern und ohne Selbstvorwurf genau der sein, der er ist, ohne den bitteren Beigeschmack eines Gewissens, das ihm unentwegt vorhält, ein anderer sein zu sollen, der er nicht sein kann.

Umgeben vom studentischen Treiben des Quartier Latin kann der Unglückliche für einen Moment den Gedanken fassen, Unglück müsse nicht unvermeidlich sein. *Das große Unglück der Menschheit, die verhängnisvolle Verwirrung von Babel könnte auf dem Boulevard Saint-Michel wiedergutgemacht werden, wenn die Völker sich unter französischer Sitte zusammenfänden und an Verstand und Größe gewönnen. Viele Französen träumten so; an mindestens ebenso vielen Franzosen scheiterte der Traum. Abgesehen davon, daß Traum und Plan aus ganz anderen Gründen und nach dem Gesetz des Verhängnisses von Anfang an zum Scheitern verurteilt waren; denn das Schicksal will wohl die Verwirrung, die Zerstreuung, die feste Feindschaft der Stämme, Rassen, Hautfarben, Nasenformen, Gewohnheiten, Gebete, und vielleicht fürchten, wie in der Sage, die wahren, die bösen, die unsichtbaren Götter die friedliche, die starke Gemeinschaft der Erdbewohner.*

Doch der Gedanke ist zu stark, und für einen Augenblick der Hoffnung tritt die Utopie an die Stelle der geschichtsbelehrten Skepsis.

*Skandinavisch und urwäldisch fluten sie über den Weg*, die Studenten, die lebendigen Möglichkeiten einer anderen Zukunft jenseits des Schicksalsbannes, der die Menschheitsgeschichte verwüstet. *Die hohen Schulen von Paris lehren das Wissen, aber Paris lehrt das Glücklichsein* (130f.).

So groß ist die Verheißungskraft der Stadt, dass sie es vermag, einen, der nichts konnte, als unglücklich zu sein, zu überzeugen, Glück immerhin für möglich zu halten.

**13** *No more coffee*

## Traumfahrt

*Kaum hat man die Stadt betreten, so ist man beschenkt*, notiert Walter Benjamin am 30. Dezember 1929, einer der subtilsten und passioniertesten Paris-Besucher.

So ergeht es einem noch heute, der sich der Stadt mit dem Auto nähert, hat er erst die gigantisch zersiedelten Gewerbegebiete und hässlichen Vorstädte hinter sich gebracht.

Vorausgesetzt, er kommt nicht zum ersten Mal. Diese zuversichtliche Gewissheit ist die Ausnahme, Belohnung für ein langes, wiederholtes, geduldiges Werben; den, der zum ersten Mal ankommt, erwartet die Verwirrung einer Irrealisierung des verwirklichten Wunsches.

*»Paris, Gare du Nord«, sagen uns die Lautsprecher. Wer an diesem Januarmorgen geht mit uns über den Bahnsteig auf die Schwingtüren des Ausgangs zu? Was und wen versammelt Paris zu welchem Zweck an diesem 5. Januar 1977?*

*Angekommen zu sein ist eines jener vielen Gefühle, über die man sich klarwerden muß: Wie kann man glauben, man sei in Paris, und wie kann man diesem Glauben, hat man ihn erst einmal gewonnen, dazu verhelfen, wahr zu sein?* (Heinz Czechowski, 16f.).

Wer sich davon nicht entmutigen lässt, und vom Mythos der Stadt, der die an sie gerichteten Erwartungen beherrscht, in ihre Wirklichkeit überzuwechseln bemüht ist, auf den wartet ein zunächst aussichtslos erscheinender, sich dann aber mit einem Mal unverhofft beschleunigender Annäherungsprozess.

*Und trotzdem: langsam die Akklimatisierung der Sinne, des Körpers, behindert von einem Aufgeregtsein, das zwar die Lust erregt, möglichst alles zu sehen, was die Netzhaut erfaßt, und das auch tatsächlich die Erlebnisfähigkeit derart steigert, daß Einzelheiten, oft die nebensächlichsten, überscharf ins Bewußtsein treten und dort wahrscheinlich auch ein lebenslängliches Gewahrsam finden – ein Aufgeregtsein, das aber das Spektrum der Farben so ineinanderfließen läßt, als führe man auf einem Karussell.*

*Man erinnert sich plötzlich an Bobrowskis aufhellenden Satz, in der Stadt habe der Mensch fünf, auf dem Lande sieben Sinne. Ja, man ist für das Leben nicht eingerichtet. Denn wie vieler Sinne bedürfe man wohl hier, um endlich doch zu glauben, man sei in Paris, und um zu erleben, wie das wahr wird?* (a.a.O., 20).

Aber schon bald wird der Umweg über literarische Assoziationen nicht mehr nötig sein und die Aufmerksamkeit sich ganz gefangen nehmen lassen von allem, was man vor Augen hat.

*Die Gasse, in der wir stehen, schmal, namenlos oder berühmt – jetzt hat uns Paris im Spinnennetz seiner Möglichkeiten gefangen: Man kann sich darin verlieren oder eine Aussicht gewinnen, als stünde man auf der Tour Saint-Jacques, kann zwanzig Jahre seines Lebens darauf verwenden, die Sprache der Stadt verstehen zu lernen, oder wieder abreisen, gedemütigt von so viel Fremdheit eines jeden Steins* (22f.).

Die Fremdheit wird bleiben, wie vertraut man mit den Alltagen der Stadt auch werden mag. Wer hier leben will, muss fähig sein zu dem, was den meisten Menschen den größten Schrecken bereitet, allein zu sein.

**14** *Grab it*

## Weltsucht und Eros

*Wir fuhren bereits in Paris ein. Im Abteil lauter fröhliche Bergsteiger, alle trugen das gleiche rotkarierte Hemd und die gleichen Kletterhosen aus Kordsamt und die gleichen Wollstrümpfe, ich staunte diese Bergsteiger an, und dabei kam mir die Stimme, die Ausruferstimme, in den Sinn, und voller Erleichterung wurde mir bewußt, daß ich durchgeschlüpft und angekommen war. Es war gar keine Polizeistimme, es waren nicht Häscher, es war LA VOCATION. Ich in Paris.*

›La Vocation‹, der Ruf. Paul Nizon ist dem Ruf der Stadt, ihrem Mythos voller Verheißungen gefolgt. Und er ruft sie an. Erfleht von ihr geradezu Erlösung aus der doppelten Enge seiner Schweizer Herkunft und seiner unentfalteten Person.

*Nimm mich an, bring mich hervor! Schrie ich, während ich herumlief, ich lasse dich nicht, ich will in die Welt! Ich krabbelte durch die abertausend Glieder der Breitgelagerten, ich schlenderte, stakte, marschierte, rannte durch die Straßen, mit den Beinen durch die unteren, mit den Augen durch die oberen zwischen den Dächern; in den Straßenfluchten mit dem herrlich kanalisierten Himmel, dem hellsten Himmel der Welt, stand ich wie in endlos fortgesetzten Kirchenschiffen, ich sah die Flanken entschweben im alles verzaubernden Licht, da fuhren sie aus und weg, die weißlichen Häuserfluchten, blinzelnd mit allen Ritzen ihrer Jalousien, und ich lief auf den Trottoiren unter den Markisen an den Läden und Bars entlang, Schönheit vor Augen, ich sah das alles, ich war darin – und blieb dennoch draußen, ein Fremder* (Nizon, *Das Jahr der Liebe*, 75f.).

Darin und dennoch draußen – das ist die Situation des Paris-Ankömmlings, und bleibt es lange.

Die wahre Kunst der Pariser Ankunft besteht nicht darin, diese Fremdheit aufzuheben, sondern sie anzuerkennen, sich mit ihr einzurichten, sie schließlich sogar zu mögen, und irgendwann gar nicht mehr entbehren zu können, so sehr, dass es zu einer bedrängenden Vorstellung werden kann, man müsste dazugehören. Die Not, ob man dazugehören könne, weicht der, ob man vermeiden kann, dazugehören zu müssen. Wer diese Kunst lernt, dem kann Paris die glückliche Fremde schenken.

Die Erwartung, die sich in einem zu regen beginnt, je näher man kommt, ist immer eine Glückserwartung. Kein Ort der Welt appelliert mit dem, was er in einem lebendig werden lässt, so sehr an die Urerwartung, die die Geschlechtsspannung weckt. Einer der wenigen echten Erotiker der neueren deutschsprachigen Literatur, wird für Nizon diese Spannung zum Zentrum der ersehnten Lebensannahme und Welteinbindung.

Paris verschlingt, ohne zu vernichten. Immer tiefer verwickelt es den eifernd Lebenssüchtigen. Und auf Schritt und Tritt begegnet ihm der Appel ans Geschlecht, als wollte die Stadt ihm Hegels Satz beweisen, dass es ›Sein‹ nur in der ›Vereinigung‹ gebe.

*Bei meiner ersten Ankunft in Paris holte meine Tante mich vom Zug, der um Mitternacht oder später in Paris eintraf, von der Gare de l'Est ab. Wir fuhren im Taxi nach Pigalle und machten die paar Schritte bis zu ihrem Haus zu Fuß. Ich wußte nicht, was Nachtleben war, ich hatte es nie erlebt, jetzt wurde ich vom Nachtleben überwältigt, verschlungen. Die Straßen schimmerten im Widerschein vielfachster Lichtreize, solcher von den farbigen Leuchtreklamen, von den Leuchtschriften und Lichterzierden all der Bars und Nachtlokale, Restaurants und Läden, die Türen der Bars öffneten und schlossen sich wie Pumpen, sie ließen*

*Schwälle von Musik, Gedröhn, Krach, Gerede und Menschen hinaus, vor den Bars zuckten und wanden sich im Takt der verschiedensten Musik halbentkleidete Mädchen, Barmädchen, Freudenmädchen, und an alldem entlang die Massen der Promenierenden, Lüsternen, Vergnügungssüchtigen, das Vorbeischlüpfen der Strichmädchen und Striptease-Tänzerinnen, die schnell die Straße überquerten oder mit einem Kerl im Eingang eines Stundenhotels verschwanden, die Portiers nicht zu vergessen. Die Nacht war mit dem verschwenderischen Aufwand in ein Strahlen, Summen, Dröhnen verkehrt, in ein wahnsinnig wärmendes und aufwühlendes Nachtleben, in einen bengalischen Orkus, alles war zu haben, alle Speisen und Getränke, Blumen und Drogen, Revolver, Menschen, es war ein nächtlicher Markt, ein Vergnügungsmarkt, Menschenmarkt, der Vergnügungshunger lohte aus jeder Bartür und zuckte in den Zuckungen der leichten Mädchen in den Eingängen und schwieg verrucht aus den geschminkten Mienen der vor den Hoteleingängen lehnenden Huren, aus ihren einladenden Mienen und Hüften, ich ging neben meiner kleinen Tante durch diesen Mitternachtsjahrmarkt, in einer Woge von Parfums und Lebenslust, an Restaurants vorbei, durch deren hellerleuchtete Scheiben man die ausgelassenen Gäste beim Schlürfen von Austern und beim Verschlingen von Sauerkraut sah, trieb durch dieses Wogen, der Strom der Promenierenden war so dicht, daß ich glaubte, auf den Köpfen gehen oder treiben zu können, ich war benommen und verzückt und gleichzeitig tausendfach erotisiert* (Nizon, 115f.).

Paris ist das Versprechen, das sich nicht erschöpft, wie sich das Begehren nach jeder Befriedigung aufs Neue regt, die Enttäuschung, die nicht entmutigt. Wenn nicht heute, dann morgen, wenn nicht dieses, dann das nächste Mal. Mit jedem Eintauchen in die Stadt erneuert es sich.

*Ich war spät nachts in Paris angekommen und, noch ehe ich mich in meine Wohnung, begab, zur Sacré Coeur hinaufgelaufen.*

*Die Stadt lag in einer Nachtmahrillumination zu meinen Füßen, in einem vagen Glast mit Glutkernen.*

*Ich lief in den folgenden Tagen früh und abends zur Sacré Coeur hinauf, ich ging hin, als hätte ich da oben ein Morgen- und Abendgebet zu verrichten. Ich schaute über die von Treppen umarmten hängenden Parkanlagen, die schneeige Moschee, die Kuppeln der Kirche im Rücken, schaute über das Häusermeer – hinten in der dunstigen Ferne das bleckende Satellitengebiß. Aber dazwischen das Häusermeer, manchmal schien es ein Gletschermeer, eine eisig schimmernde Stalaktitenlandschaft. An anderen Tagen und zu anderen Stunden erblühte das Meer in abertausend Brechern, es waren die weißlichen ockrigen grauen Rücken, die Mauerrücken mit den schiefergrauen Dachstirnen, manchmal entstiegen sie einem violetten Gewölk wie dem Schöpfungsbad, und das Weiß das geistigste Weiß, ein Weiß wie eine Schminke des Clowns, wie China. Es war die unendliche Stadt, und ich dachte die Straßen und Plätze, ihre Namen, ich dachte das Unten der Trottoire und Märkte, die Menschen, ich dachte die im Stein flüsternden Geschichten und Geschicke dazu.*

*Ich werde nie an dich herankommen, verstoß mich nicht, nimm mich an: Stadt, dein Gefangener* (Nizon, 188).

Der ist er geblieben. Seit er mit dem geerbten ›Schachtelzimmer‹ 1977 sein erstes Pariser Domizil bezog, dem noch viele folgen sollten, hat er die Stadt nicht mehr verlassen. Ansässig geworden, blieb er uneingebürgert, von jeder Fahrt, jedem Gang durch die Stadt erneut zum Ankünftigen werdend.

Hier ist des Ankommens kein Ende.

**15** *Blue down*

## Einfall der Dämonen

*Für Thorsten Krämer*

*Vielleicht ist alles auch nur ein Hirngespinst.*

Ernst Jünger, *Der Kampf als inneres Erlebnis,* »Grauen«

*In Paris auf dem Bahnhof St. Lazare, dicht bei Balzacs alter Rue d'Amsterdam, blühte Frankreich, spannte sich von Pfeiler zu Pfeiler das Netz der Hirngespinste, faulte Geschichte.*

Wolfgang Koeppen, *Amerikafahrt*

*Gefräßige Gärten, die von der Vegetation der Flugzeugtrümmer verschlungen werden.*
*Ich sah mich mit dem Kopf eines Milans, ein Messer in der Hand, in Rodins ›Denker‹-Haltung, dachte ich, aber in Wirklichkeit war es die des ›Sehers‹ von Rimbaud.*

Max Ernst, »Jenseits von Malerei«

*Und zugleich können wir die Stadt als kollektives Unbewußtes lesen; denn das kollektive Unbewußte ist ein großer Katalog, ein großes Bestiarium. Wir können Paris als ein Buch der Träume interpretieren, als ein Album unseres Unbewußten, ein Katalog der Monster.*

Italo Calvino, »Eremit in Paris«

*Alles i s t schon verändert, wenn sich das Denken zu ändern beginnt.*

Ernst Jünger, *Sgraffiti*

New York, in dem das 20. Jahrhundert seine Weltmetropole sah, weckt nur einen Traum, es dort zu schaffen, und im Licht der Prominenz reich und glücklich zu werden. If you can do it there, you can do it anywhere. Es ist die Stadt der rüdesten Bewährung. Realer Albtraum des kapitalisierten Daseins.

An Paris heftete sich auch dieser provinzielle Traum, solange es im 19. Jahrhundert die Hauptstadt Europas war, und aufstrebende Künstler sich dort erproben und beweisen mussten. Und oft nicht weniger gnadenlos scheiterten. Doch es kennt unendlich viele andere Träume. Tagträume so gut wie die nächtlichen Gaukeleien des Unterbewusstseins, in die die Stadt sich drängt, hat sich ihr Erlebnis erst einmal in einem festgesetzt. Wie immer es auch geartet gewesen sein mag.

Manche der Erfahrungen, die Paris bietet, oder auferlegt, legen nahe, Calderon könne Recht damit gehabt haben, das Leben selbst sei ein Traum. Für den Pariser Marcel Proust, der ein großer Träumer war, war das ausgemacht. Vorausgesetzt, der Erzähler seiner *Recherche* spricht mit seiner eigenen Stimme.

*Die Sehnsucht läßt alle Dinge blühen, der Besitz zieht alle Dinge in den Staub. Besser sein Leben träumen, als es leben. Mag immerhin auch noch im Leben so viel Traum enthalten sein, nur weniger geheimnisvoll und zugleich auch weniger klar, mag sich auch im Leben ein undurchsichtiger, schwerer Traum abspiegeln, ähnlich dem zerstreuten Traume in dem dumpfen Bewußtsein wiederkäuender Tiere. Schöner sind die Stücke von Shakespeare vom Arbeitszimmer aus gesehen als auf dem Theater dargestellt* (*Tage der Freuden*, 176).

Es zu führen, als wäre es ein Traum, versöhnt zwar nicht mit seinen abstoßenden Unzulänglichkeiten, lässt sie aber ertragen, als gäbe es sie nicht. Ein vernünftiges Leben weiß seine Vernunft zu begrenzen, und versteht, dass es vernünftiger ist, der Einbildungskraft stärker zu vertrauen als dem Verstand. Bis deren Leistungen schließlich so stumpf werden wie ein ausschließlich vernünftiges Leben.

*Das Leben ist wie diese kleine Freundin. Wir träumen es, und wir lieben es in seiner Traumgestalt. Man muß nicht versuchen, es zu leben. Man stürzt sich wie der kleine Junge in den Stumpfsinn, nur nicht mit einem Male, denn alles im Leben schwächt sich mit unmerkbaren Nuancen ab. Sind zehn Jahre vergangen, dann erkennt man seine Träume nicht wieder, oder man verleugnet sie, man lebt wie ein Rind für das Gras, das man im Augenblick weidet* (a.a.O., 177f.).

Sich den Traumgestalten des Lebens anheimzugeben, fällt nirgends leichter als in Paris. Wie keine Stadt sonst Gegenstand ausschweifender Einbildungen, lässt sie träumen, und wirkt selbst, als wäre sie ein verwirklichter Traum. Was das wirkliche Leben in ihr vorenthält, gewähren ihre literarischen Bilder. Aber deren Fülle gäbe es nicht, wären sie nicht von ihr inspiriert. Sie gehören zu ihren wirklichen Resonanzen.

Ins Unterbewusstsein eingelagert, werden sie am stärksten, wenn sie unerreichbar ist. Im kalifornischen Exil wird Adorno des Nachts immer wieder träumend von seiner unerfüllbaren Sehnsucht heimgesucht. Sie ist umso schmerzlicher, als er dort Benjamin nie mehr treffen könnte, käme er hin.

Nach einer solchen Heimsuchung notiert er am 17. August 1945: *Ich gehe weit draußen am linken Seineufer spazieren. Anders als in der Wirklichkeit macht der Fluß unzählige Windungen. Bei einer Biegung liegt plötzlich, unvermittelt, wie auf einen kleinen Raum zusammengedrängt, das ganze Profil der Stadt vor mir. Sie erscheint wie eine riesige altertümliche Befestigungsanlage, mit ein paar mächtigen Industrieklötzen (zwei entsprechen einander) in der Mitte. Ich weiß genau von jedem Gebäude, jeder Straße, jedem Park den Namen. Es sind die vertrauten der Madeleine, der großen Boulevards, des Luxembourg, vor allem von Notre Dame und der Île Saint Louis. Aber alle von diesen Namen bezeichneten Objekte sind von denen die ich kenne ganz verschieden und zwar meist als wären sie durch viel ältere ersetzt. Noch im Träumen bin ich mir des Unterschieds bewußt, vielleicht mit dem Unterton: das ist doch gar nicht das richtige Paris. Das Ganze in einer Beleuchtung von Sonnenfinsternis, vergleichbar der von Grecos Toledo* (Adorno, *Traumprotokolle*, 45).

Drei Jahre später, am 18. Februar 1948, träumt er, er *besäße ein voluminöses illustriertes Prachtwerk über den Surrealismus, und der Traum war nichts anderes als die genaue Vorstellung einer der Illustrationen. Sie stellte einen großen Saal dar. Dessen linke hintere Seitenwand – weit vom Beschauer – nahm ein unförmiges Wandgemälde ein, das ich sogleich als ›Deutsches Jagdstück‹ erkannte. Grün, wie bei Trübner, herrschte vor. Das Objekt war ein riesiger Auerochs, der, auf den Hinterbeinen aufgerichtet, zu tanzen schien. Die Länge des Saales war von einer Reihe genau ausgerichteter Objekte besetzt. Dem Bilde zunächst ein ausgestopfter Auerochs, etwa ebenso groß wie der auf dem Bild und ebenfalls auf den Hinterbeinen. Dann ein lebender, gleichfalls sehr großer, doch schon etwas kleinerer Auerochs, in der gleichen Pose. In dieser befanden sich auch die folgenden Tiere, erst zwei nicht ganz deutliche, braune, vermutlich Bären, dann zwei kleinere lebende Auerochsen und schließlich zwei Stück gewöhnliches Rindvieh. Das Ganze schien unter dem Befehl eines Kindes, eines sehr graziösen Mädchens in ganz kurzem grauen Seidenkleidchen und langen grauen Seidenstrümpfen. Es leitete die Parade. Als Unterschrift aber stand unter dem Tableau: Claude Debussy* (a.a.O., 52f.).

Was Adorno träumte, imaginierte Franz Hessel, der erste autofiktionale Literat avant la lettre, in seinen romanhaften Erinnerungen an seine Pariser Zeit vor dem Ersten Weltkrieg bei Tage. Auf den Streifzügen des Flaneurs, auf die er den Erzähler seiner *Pariser Romanze* durch die Stadt schickt, lässt er sie sich vor dessen Augen verwandeln.

*Komm ich traumwandelnd tiefer in die Stadt, so wird das sanfte Flußab und Hügelauf der Straßen zu steilen Bergpfaden. Von den rotangelaufenen Erdgeschossen der Seitengassen rinnt es wie Blut am Pflasterrande her. Tausend Gitterbalkons, klein wie Schwalbennester, sind voll Flüstern und Zwitschern. Von Kellern herauf dringt Backofenwärme. Lichtschein fällt auf die nackten Schultern der Bäcker und ihre mehligen Arme, die in dem schwellenden Teige wühlen. In die weißen Massen tauchen Mädchen ihre breiten Puderquasten und umtupfen das Lächeln der rotumrissenen Münder.*

*Auf buntem Asphalt unter gewittergrauem Himmel gleiten Gummiräder der Fiaker und Autos des Blumenkorsos durch Wellen von welkduftenden Blüten, ohne sie zu zerdrücken. Aber unter den Bäumen der Métroeingang führt schlundtief hinab in einen Bergwerkstollen, aus dem es dauerknattert wie Maschinengewehrfeuer.*

*Nun steht rings um den holden Park Monceau ein ganzes Stadtviertel in Flammen, und als ich mich einem brennenden Hause nähere, um die schönen, reichgekleideten Kinder zu retten, die sonst im Garten spielen, tritt mir ein Hausmeister in Perücke und altertümlicher Lakaientracht entgegen und ruft: Wo sind die Träger? Wo sind die Sänften?*

*In den Champs-Elysées, da, wo sonst eine singende, geigende Musikhalle flimmerte, wo weiße Abendmäntel an roten Tischlampen vorbeifluteten, wächst aus verwildertem Gesträuch einer Schuttstätte ein Riesenbrunnen: sandsteinerne Tritone mit zerbrochenen Hörnern an Trümmerlippen, bröckelnde Torsen von Nymphen und hoch oben über künstlichem Felsengebirge – wie es in zoologischen Gärten für die Gemsen und Steinböcke errichtet wird –, in fahlgoldenem Gewande ein Riesenweib, die Augen eingesetzte Wundersteine, das Haar rotgetönt, marmorne Brüste mit bläulichen Spitzen und um den Gürtel die andächtig angeschmiegten Tiere der Diana von Ephesus.*

*Aber aus dem Gesträuch klettert über den Schutt mit steifen Wackelgliedern der Guignol des Kindertheaters* (Hessel, *Pariser Romanze*, 8f.).

Paris zu erleben, als wäre es ein Traumbild, gehörte zur Einübung des Surrealismus. Der *Sehnsucht, sich von aller Erdenschwere zu lösen* (Breton, *Erstes Manifest*, 19) folgend, legte er es darauf an, die *scheinbar so gegensätzlichen Zustände von Traum und Wirklichkeit in einer Art absoluter Realität, wenn man so sagen kann: S u r r e a l i t ä t* aufzulösen (a.a.O., 18). Überzeugt davon, dass der Mensch nicht nur träumt, sondern ein Träumer ist (a.a.O., 11), so, wie Freuds Psychoanalyse es suggerierte, die einen Menschen aus der Deutung seiner Träume zu verstehen und mit sich selbst bekannt zu machen unternimmt. *Der Surrealismus beruht auf dem Glauben an die höhere Wirklichkeit gewisser, bis dahin vernachlässigter Assoziationsformen, an die Allmacht des Traumes, an das zweckfreie Spiel des Denkens. Er zielt auf die endgültige Zerstörung aller psychischen Mechanismen und will sich zur Lösung der hauptsächlichen Lebensprobleme an ihre Stelle setzen* (a.a.O., 26 f.). Und erhebt damit für die Kunst den Anspruch, zu leisten, was die Philosophie nicht mehr vermag, seit sie sich der reinen Rationalität verschrieb (17). Die *Poesie zu praktizieren* (21), wird zu einer Anthropologie des Wunderbaren.

Träume aber sind nicht harmlos. Nicht nur, dass sie Unangenehmes offenbaren, Unglück und Katastrophen vorankündigen, mit Ängsten, Störungen und Schrecken quälen. Sie lassen als Bild entstehen, was nicht als Wirklichkeit ins Leben treten darf. Erinnert man sich ihrer, zeigen sie einem die Dämonen, die im Leben ihr Unwesen unbemerkt treiben.

Wenn nach surrealistischer Überzeugung der Mensch Träumer *ist*, dann ist seine Geschichte, aus der er sich zu verstehen bemüht, ein Traumgebilde. *Das Träumen hat an der Geschichte teil. Die Traumstatistik würde jenseits der Lieblichkeit der anekdotischen Landschaft in die Dürre des Schlachtfel-*

*des vorstoßen. Träume haben Kriege befohlen und Kriege vor Urzeiten Recht und Unrecht, ja Grenzen der Träume gesetzt* (Benjamin, »Traumkitsch«, 620).

Was Benjamin dachte, hat Ernst Jünger erlebt.

*Dieses Gefühl hat man oft in den Nächten des Kampfes: von einem sagenhaften Erlebnis zu träumen. Man geht durch den Graben wie im Traum, der ursächliche Zusammenhang ist dem Bewußtsein fern; schneidet ein Ereignis ins Hirn, so ist man kaum überrascht, als hätte man alles längst zuvor gewußt* (Jünger, *Der Kampf*, 95f.). Der Krieg ist die Erscheinung des Unvorstellbaren als Wirklichkeit, deren härteste der Tod ist, und das, was für das Bewusstsein im Dienst der Selbsterhaltung das Unmögliche ist, geschieht, als wäre es die Verwirklichung eines Traumereignisses.

*Es sind ja auch nicht die Tatsachen, sondern gerade das Ungewisse, das Unbeschreibliche, das dumpfe Ahnen, das manchmal hervorschwelt wie der Rauch eines verborgenen Schiffsbrandes. Vielleicht ist alles auch nur ein Hirngespinst. Und doch lag es wieder so greifbar, so bleiern schwer auf den Sinnen, wenn eine verlassene Schar unter dem Gewölbe der Nacht durch unbekanntes Gelände kreuzte, fern und näher von eisernem Willen umdröhnt. Entriß sich dann plötzlich in ihrer Mitte ein Glutstrahl der Erde, so trieb ein Schrei von erschütternder Erkenntnis ins Unendliche. Dann mochte den Hirnen im letzten Feuer der dunkle Vorhang des Grauens jäh emporgetaucht sein; doch was dahinter auf der Lauer lag, das konnte der erstarrte Mund nicht mehr verkünden* (Jünger, a.a.O., 27).

Das härteste aller Wirklichkeitserlebnisse, getötet werden zu können, während man tötet, erschüttert die Wirklichkeitsgewissheit. Das Außergewöhnliche offenbart, dass das Gewöhnliche ein Trugbild ist. Die Lebenswirklichkeit wird so unrealistisch, wie sie in den Nachtträumen auftritt. *Aber was in den feurigen Traumlandschaften des Krieges gültig war, das ist auch in der Wachheit des modernen Lebens nicht tot. Wir schrei-*

*ten über gläsernen Boden dahin, und ununterbrochen steigen die Träume zu uns empor, sie fassen unsere Städte wie steinerne Inseln ein und dringen auch in den kältesten ihrer Bezirke vor. Nichts ist wirklich, und doch ist alles Ausdruck der Wirklichkeit* (Jünger, *Das abenteuerliche Herz*, Erste Fassung, 147).

Es bedarf keiner Kriegserfahrung, an der Rationalität des Wirklichen zu zweifeln. *Jeder hat einmal einen entsetzlichen Traum gehabt, und wenn er sich besinnt, so wird er finden: das Tatsächliche daran war nichts gegen die unheimliche Kraft, die es bewegte. E.Th.A. Hoffmann ist der Dichter dieser Durchbrüche, aus seinen Hofräten und Spießbürgern gleißt unvermittelt das Gespenstische auf, der Anblick eines Türknaufs zaubert ein würgendes Erlebnis hervor. Auch Dostojewski kannte sie, sonst hätte er niemals das Fiebergespräch des Iwan Karamasoff mit dem alltäglich angezogenen Unbekannten schreiben können. Doch wie soll man das denen sagen, die nur zwischen den vier Wänden des Verständlichen zu Hause sind?* (Jünger, *Der Kampf*, 97).

Die Erschütterung der Wirklichkeitsgewissheit, die die Romantik in der deutschen Literatur vollzieht, geschieht in der französischen mit dem Surrealismus. Bretons *Nadja*, die er zur selben Zeit wie Jünger seine Kriegserfahrungen schrieb, plädiert für die Aufhebung der kategorischen Trennung von Wirklich und Unwirklich, die das Imaginäre mit dem Wahnsinn gleichsetzt. *Da es bekanntlich zwischen dem Nicht-Wahnsinn und dem Wahnsinn keine Grenze gibt, bin ich nicht geneigt, den Wahrnehmungen und den Ideen des einen oder des anderen Zustandes einen ungleichen Wert zuzubilligen* (*Nadja*, 109). Sofern sie verschiedene Manifestationen der einen Fantasie sind. Das Fantastische ist so wirklich wie die Wirklichkeit, und diese so unwirklich wie das Fantastische. Das Maß ihrer Unterscheidung ist dieselbe Kraft der Imagination.

Mit der zur selben Zeit erlangten Einsicht der Phänomenologie Husserls in die elementare Anschaulichkeit aller

Inhalte des Bewusstseins, die sie zu Gegenständen des Denkens überhaupt erst macht, willigt dieses in seine Abhängigkeit von der Einbildungskraft ein: wer sich nichts vorstellen kann, wird auch nichts erkennen. Die politische Aneignung der fantastischen Vorstellung, zum Mond zu reisen, setzte die Forschung in Gang, deren astrophysikalische Erkenntnisse den Mondflug ermöglichten. Der fantasielose ›Pragmatiker‹ braucht den fantasierenden ›Spinner‹, der ihm zeigt, was er sich vornehmen soll.

Sich das, was ist, vorzustellen, und das, was nicht ist, als wirklich zu behandeln, ist die Leistung der Einbildungskraft, die dem Menschen, der keinen naturfixierten Ort in der Welt hat, Dasein in ihr ermöglicht: Ursprung seiner Welt und ihrer Einrichtungen. Und Werkzeug ihrer Vernichtungen. Auch das Nichtsein, das Zerstörung anrichtet, muss vorgestellt worden sein, um herbeigeführt werden zu können, wie jeder Kriegseinsatz.

*Der Himmel schreit. Zwei Messerschmitts tauchen aus den Wolken auf, verfolgt von Hurricans. Dachziegel bersten im britischen Feuer und die Flugzeuge reißen sich aus dem Sturzflug hoch. Eine der Messerschmitts fliegt ein gewagtes Wendemanöver, ihre Bordgeschütze speien Feuer und in einem flammenden Windstoß entfaltet sich eines der RAF-Flugzeuge in der Luft zu einer Blüte, öffnet sich wie ein Paar Hände, wie ein zugeworfener Kuss, fängt Feuer regnet herab und lässt dort unten ein ungesehenes Haus zu Staub werden* (Miéville, *Neu-Paris*, 18).

Was dann geschieht, gehört nicht mehr zum Geschehen des Zweiten Weltkriegs, aus dem diese Szene zu stammen scheint.

*Etwas erhebt sich aus dem Inneren von Paris.*

*Eine baumhohe Ranke mit zottigem hellglänzendem Blattwerk. Sie richtet sich in der Luft auf. Zuckende Knospen- oder Früchtetrauben, jede einzelne so groß wie ein menschlicher Kopf, erblühen riesenhaft über den Dächern.*

*Der deutsche Pilot fliegt direkt auf die lebendigen Blumen zu, wie ein Verliebter, wie im Rausch. Er senkt die Nase seines Flugzeugs in die Pflanze. Sie breitet zitternd ihre Blätter aus. Die riesige Rebe rankt noch einmal haushoch auf und umschlingt das Flugzeug. Reißt es hinab, hinter die Dächer, in die Straßen, außer Sicht.*

*Es gibt keine Explosion. Das gefangene Flugzeug verschwindet einfach in den Tiefen der Stadt* (a.a.O., 19). Aus der Metapher, dem So-Wie der Beschreibung, aus einem Albtraum eines Piloten, ist in der Erzählung Wirklichkeit geworden – surrealistischer Kurzschluss.

In seinem Roman *Die letzten Tage von Neu-Paris*, der gleichsam eine literarische Fassung jenes »Prachtwerks über den Surrealismus« entfaltet, von dem Adorno träumte, beschreibt China Miéville eine Fortsetzung des Zweiten Weltkriegs, die nicht nur nicht stattgefunden hat, sondern deren geschilderte Ereignisse jenseits der rationalen Wirklichkeitsauffassung liegen. Als wäre Paris zu der Flora geworden, die Max Ernst in den Traumbildern seiner Metamorphosen-Malerei imaginierte (vgl. Miéville, a.a.O., 213f., Anmerkung 20. – Ernst, »Flugzeugfalle«, 1935, in: *Retrospektive*, Abb. 187, 188, 189). Die Entstellung der wirklichen Gestalt von Paris im Traum hat sich in dessen vorgestellte neue Wirklichkeit verwandelt. Albtraumartig wird Miévilles Paris zu dem *Katalog der Monster*, den Calvino in der wirklichen Stadt verborgen fand (Calvino, »Eremit in Paris«, 35).

Bevölkert wird die monumentale Flora neben Menschen, die blieben, was sie waren, und solchen mit neuen diabolisch okkulten Fähigkeiten, von ebenso gigantischer Fauna als Manifestationen der Einbildungskraft.

*Auch Gestalten aus Symbolismus und Dekadenz waren lebendig geworden, entsprungen der Imagination der Vorläufer und Lieblinge der Surrealisten, Geister aus ihrem Proto-Kanon. Redons grinsende zehnbeinige Spinne hatte jetzt ihre Jagdgründe an einem Ende der Rue Jean Lantier, wo sie mit ihren großen Zähnen klapperte. Eine Gestalt mit einem Arcimboldo-Obst-und-Gemüse-Gesicht patroullierte an den Rändern des Marktes von Saint-Ouen* (a.a.O., 46).

Die Grafiken der ›Cadavre Exquis‹, von Mitgliedern der Gruppe der Surrealisten in gemeinsamen Blindzeichnungen entworfene Figuren, bevölkern Miévilles imaginäres Paris eines nicht beendeten Zweiten Weltkriegs als reale Gestalten (a.a.O., 83; Anmerkung 82, 230–232).

Mit den Mitteln des Surrealismus entwirft er eine andere Geschichte als Manifestation der okkulten Kunst, die der Nationalsozialismus im ästhetischen Kern seiner Ideologie selbst schon war: als Werk eines verhinderten Künstlers. *Die Gestalt dreht sich um, und Thibaut sieht ihr gesichtsloses Gesicht. Leer. Ein schwacher Graphitstrich dort, wo die Augen sein sollten. Glatt wie ein Ei. Die schlechte, feige Zeichnung eines jungen, unbegabten Künstlers. »Es ist ein Selbstportrait«, hört er Sam erneut sagen. Sie und Thibaut umfassen einander und halten sich fest umfangen vor Angst. »Von Adolf Hitler«, sagt Thibaut* (a.a.O., 191).

Entworfen ist die Szene unter dem Eindruck der echten Malereien des jungen Hitler, als er sich noch mühte, ein Künstler zu werden. Im Wissen, was der stattdessen zum Diktator Gewordene an Weltverstümmelung anrichtete, die jenseits des bis dahin Vorstellbaren lag, wird sein imaginäres Selbstportrait zum Bild der Leere einer Person, *zu einem vom Todestrieb geträumten Traum seiner selbst* (a.a.O., Nachwort, 247), den die Exzesse der Gewalt zu verwirklichen hatten. Der Künstler-Diktator und die reale Verfassung der Welt, die aus seiner Politik hervorging, erscheinen als die Verwirklichung eines Phantasmas, entsprungen der Fantasie des selbst- und weltlosen Unkünstlers Adolf Hitler.

Miévilles Roman vereint Jüngers Entwirklichung im Kriegserlebnis, Benjamins Traum der Geschichte und Bretons

Aufhebung der Grenze zwischen Wirklichem und Wunderbarem zu einem Labor der Einbildungskraft, das erforscht, *ob es gewisse Manifestationskräfte gibt, die in der Lage sind, sich über ontologische Grenzen hinwegzusetzen, die sonst unüberschreitbar scheinen, und dabei Spuren mitzunehmen oder zu hinterlassen* (a.a.O., 211f.).

Der Fantastik bedürfte es dazu jedoch gar nicht. Jedes bekannte Ereignis der Geschichte war so lange unmöglich, bis es sich in der Realität begab, in der es nicht zu erwarten gewesen war, wie die Shoah, die es nicht geben konnte, bis sie durchgeführt wurde, weil sie vorstellbar geworden war. Auf schmalstem Grat zwischen Unwirklich und Wirklich verwandelt die Einbildungskraft das Vorstellbare in Wirklichkeit. Einmal gedacht, ist das Unmögliche auf dem Sprung in die Wirklichkeit.

*Der Moment, in dem sich zwei Erscheinungen übereinanderschieben* – die eine im wirklichen Geschehen, die andere in dessen Wahrnehmung im Bewusstsein – *und in dem das Unerwartete, das »Andere« hervortritt, markiert die Eingangspforte zur dämonischen Welt* (Jünger, *Das abenteuerliche Herz*, Erste Fassung, 143).

Sie ist die Welt, die die Geschichte hervorbringt, die nichts anderes ist als die fortlaufende Erscheinung des gerade noch unmöglich Gewesenen.

## Verzögerte Abfahrt

Keine Ankunft ohne vorhergegangene Abfahrt. Man muss einen Ort verlassen haben, um an einem anderen anzulangen. Als gäbe es eine Magie der Vergeltung, wird sich vom Moment der Ankunft an in einem der Wunsch oder die Bedrängnis allmählich bilden, eines Tages auch von dort wieder aufzubrechen. Fast alle Ankünfte sind Übergangsstationen. Nur wer von nirgendwo oder überall her käme, könnte ohne Aufbruchsanfechtung am Ort bleiben.

Davon ist auch *der* Sehnsuchtsort des Ankommens und Beginnens nicht ausgenommen.

Monate lang war der Aufbruch zur Rückkehr in die Berge akribisch entworfen worden, bis es endlich so weit war.

*Am folgenden Tag, dem 14. Juni, packten wir, Gertrud und ich, jedes einzeln seine Colis. […]. Etwa 1 Uhr gingen wir heim zum letzten Mal an der Rue Bréa zu schlafen. Am 15. Juni standen wir um 6 Uhr auf. 8-1/2 10 Uhr fuhren wir mit meinem Gepäck nach der Gare de Lyon und gaben es auf. Dann blieben noch einige Rechnungen der Wirtin zu bezahlen, darunter die des Gases. Das dicke Weib las am Zähler und täuschte sich dabei mit oder ohne Absicht sehr, zu ihrem Vorteil; denn statt 19 berechnete sie 29 frs. […] und nahm ziemlich mürrisch die 15 frs. an, die ich für die Reinigung des Zimmers ihr bot und blieb etwas mürrisch während der Zeit da wir noch da waren. Denn etwa um 10 fuhren wir, wieder mit einem Taxi, nach der Gare de l'Est diesmal. Als das Gepäck aufgegeben war, blieb noch reichlich Zeit bis zur Abfahrt des Zuges, in dem Gertrud einen guten Platz finden konnte. ¼ 12 fuhr der Zug ab. Gertrud im gelben Mantel stand unter dem Fenster und schaute unbeweglich zurück; ich stand unbeweglich auf dem Quai, mit einem sonderbaren Gefühl, das vor allem aus dem Gedanken bestand, ich würde nun bald sehr traurig werden. Denn momentan glaube ich noch nicht, dass Gertrud wirklich wegfahre, und schaute dem aus der Halle langsam wegfahrenden Zuge nach! Abends fuhr ich mit Müller in der Gare de Lyon auch ab* (Hohl, *Tiefsee*, 325f.).

Der Abschied von Paris wird so schwer, wie die Ankunft erwartungsvoll war.

In diesem Fall war diese Wehmut unerwartet. Nach nichts hatte Ludwig Hohl sich lange so sehr gesehnt, als wieder fortzukommen. Ungewöhnlich stark hatte die klassische erste Enttäuschung ihm zugesetzt.

*Der Teufel fresse mich, wenn ich damit sagen will, daß man in Paris nicht einsam sei! Man kann dort eher am einsamsten sein als irgendwo: alles schießt vorüber, mißverstehend (denn kann man sich's nicht in der Wüste, da es fern ist, verstehend denken?). Aber es gibt dort das Stimulierende, das ›Ausruhen‹ (eben in solchem Sinne Ausruhen, wie das Stimulierende Ausruhen bringt, während es das hier niemals gibt: alles hier, was sich bewegt, ist der eine, einzige Strom, immer der eine: mein Produzieren; bei jedem Ausruhenwollen, beim Organisieren des bescheidensten Festchens, erleide ich eine Katastrophe* (Hohl, *Nachnotizen*, 15).

Davon ist nun, da der lange erwünschte Aufbruch bevorsteht, keine Rede mehr. Am schwersten fällt der Weggang, selbst ein vorübergehender wie der zu einer Bergtour, dem, der ohne Erwartungen kam, und sich von der Stadt wider Erwarten doch noch aufgenommen fand. Heimatlich geworden, wird der Weggang zu neuem Exil.

Schwerer, als anzukommen, macht Paris es einem nur, es wieder zu verlassen.

**16** *Vivid Rain*

## Überallhin mitnehmbar

Wer nur ein einziges Mal in Paris richtig ankam, der wird es nie wieder ganz verlassen. Wo immer er auch sein mag. Der kann dort sein selbst dann, wenn er woanders ist. Er trägt es mit sich.

In einer auf Franz Hessel gemünzten der »Biographischen Belustigungen« seines *Bestiariums* hat Franz Blei das unübertrefflich ausgesprochen (389).

*Franz Hessel hat lang in Paris gelebt und Heimweh danach. Ich treffe ihn in München, es scheint die Sonne. Aber er hat den Regenschirm aufgespannt, die Hose aufgekrempelt. »Warum denn, Herr H.?« – »Es regnet in Paris«, sagt er.*

# Literatur

Adnan, Etel, *Paris, Paris*, Frankfurt a.M. 1999.

Adorno, Theodor W., »Abschied und Wiedersehen«, in: *Adorno. Eine Bildmonographie*, hg. vom Theodor W. Adorno Archiv, Frankfurt a.M. 2003, 198–213.

Adorno, Theodor W., *Negative Dialektik*, *Gesammelte Schriften* Band 6, Frankfurt a.M. 1970.

Adorno, Theodor W., Thomas Mann, *Briefwechsel 1943–1955*, Frankfurt a.M. 2002.

Adorno, Theodor W., *Traumprotokolle*, Berlin 2018.

Adorno, Theodor W., *Eine Bildmonographie*, hg. vom Theodor W. Adorno Archiv, Frankfurt a.M. 2003.

Babel, Isaak, *Zwei Welten. Erzählungen*, Wien-München-Basel 1960.

Balzac, Honoré de, *Die verlorenen Illusionen* (1843), Frankfurt a.M.-Leipzig 1996.

Barlach, Ernst, *Ein selbsterzähltes Leben*, München 1962; 1988.

Barnes, Djuna, »Vagaries Malicieuses«, in: dies., *Paris, Joyce, Paris*, Berlin 1988, 7–46.

Barth, Emil, *Im Zauber von Paris*, München 1955.

Benjamin, Walter, »Pariser Tagebuch (1929/30)«, in: *Gesammelte Schriften*, Bd. IV, *werkausgabe* Bd. 11, 567–587.

Benjamin, Walter, »Traumkitsch«, in: *Gesammelte Schriften*, Bd. II.2, *werkausgabe* Bd. 5, 620–622.

Benjamin, Walter, »Paris, die Stadt im Spiegel. Liebeserklärungen der Dichter und Künstler an die ›Hauptstadt der Welt‹«, in: *Gesammelte Schriften*, Bd. VI.1, *werkausgabe* Bd. 10, 356–359.

Binder, Hartmut, *Kafka in Paris*, München 1999.

Blei, Franz, *Das große Bestiarium der Literatur*, hg. von Rolf-Peter Baacke, Hamburg 1995.

Breker, Arno, *Im Strahlungsfeld der Ereignisse*, Preußisch Oldendorf 1972.

Breton, André, *Nadja*, (1928), Pfullingen 1960.

Breton, André, *L'Amour Fou* (1937), München 1970.

Breton, André, *Die Manifeste des Surrealismus*, Hamburg 1977.

Buchheim, Lothar-Günther, *Mein Paris. Eine Stadt nach dreißig Jahren*, Zürich 1977.

Calvino, Italo, »Eremit in Paris«, in: ders., *Eremit in Paris. Autobiographische Blätter*, München 1997; 2000, 187–196.

Czechowski, Heinz, *Von Paris nach Montmartre. Erlebnis einer Stadt*, Halle-Leipzig 1981.

Ernst, Max, *Retrospektive zum 100. Geburtstag*, München 1991.

Ernst, Max, *Die Schriften*, hg. von Gabriele Wix, Köln 2022.

Ernst, Max, »Jenseits von Malerei«, in: *Die Schriften*, hg. von Gabriele Wix, Köln 2022, 103–128.

Florack, Ruth, »Kaufhaus Babylon. Frank Wedekind und Paris«, in: *Paris? Paris!*, 75–95.

Forster, Georg, *Werke in vier Bänden*, hg. von Gerhard Steiner, Bd. IV: *Briefe*, Frankfurt a.M. 1970.

Gallissaires, Pierre, Hg., *Das Paris der Surrealisten. Illustrierte Reisemontage zur poetischen Geographie einer Metropole*, Hamburg 1986.

Gombrowicz, Witold, *Berliner Notizen*, Pfullingen 1965.

Green, Julien, »Fremdling auf Erden« (1930), in: ders., *Fremdling auf Erden. Erzählungen*, München-Wien 2006.

Grillparzer, Franz, »Tagebuch aus dem Jahre 1836. Paris und London«, in: ders., *Sämmtliche Werke*, Bd. 10, Stuttgart 1872, 279–426.

Gruenter, Undine, *Nachtblind. Erzählungen*, München 1989.

Gruenter, Undine, *Pariser Libertinagen*, hg. von Katrin Hillgruber, München-Wien 2005.

Hazan, Eric, *Die Erfindung von Paris. Kein Schritt ist vergebens*, Zürich 2006.

Hebbel, Friedrich, *Tagebücher*, Historisch-Kritische Ausgabe, hg. von R.M. Werner, Berlin o.J., Bd. II: 1840–1844.

Hebbel, Friedrich, *Briefe*, ausgewählt und eingeleitet von Theodor Poppe, Berlin-Leipzig-Wien-Stuttgart 1913.

Heller, Erich, »Rilke in Paris«, in: ders., *Nirgends wird Welt sein als innen. Versuche über Rilke*, Frankfurt a.M., 1975, 121–144.

Hemingway, Ernest, *Paris – ein Fest fürs Leben* (1964), Reinbek 1965.

Hessel, Franz, *Pariser Romanze* (1920), Frankfurt a.M. 1985.

Hessel, Franz, »Vorschule des Journalismus. Ein Pariser Tagebuch«, in: ders., *Nachfeier*, Berlin 1929, 98–176.

Hessel, Franz, »Letzte Heimkehr«, in: ders., *Letzte Heimkehr nach Paris. Franz Hessel und die Seinen im Exil*, hg. von Manfred Flügge, Berlin 1989, 7–41.

Hessel, Franz, *Alter Mann. Romanfragment* (1940), Frankfurt a.M. 1987.

Hoffmann, Paul, *Kleist in Paris*, Berlin 1924.

Hohl, Ludwig, *Von den hereinbrechenden Rändern. Nachnotizen*, Frankfurt a.M. 1986.

Hohl, Ludwig, *Aus der Tiefsee. Paris 1926*, Frankfurt a.M. 2004.

Huber, Therese, *Die reinste Freiheitsliebe, die reinste Männerliebe. Ein Lebensbild in Briefen und Erzählungen zwischen Aufklärung und Romantik*, hg. von Andrea Hahn, Berlin 1989.

Jasper, Willi, *Hotel Lutetia. Ein deutsches Exil in Paris*, München-Wien 1994.

Jouhandeau, Marcel, *Pariser Bilder* (1934), Frankfurt a.M. 1969.

Jünger, Ernst, *Strahlungen*, Tübingen 1949.

Jünger, Ernst, *Der Kampf als inneres Erlebnis* (1922), in: ders., *Werke*, Band 5: Essays I: *Betrachtungen zur Zeit*, Stuttgart o.J.

Jünger, Ernst, *Das abenteuerliche Herz*, Erste Fassung (1929), in: ders., *Werke*, Band 7: Essays III, Stuttgart o.J.

Jünger, Ernst, *Das abenteuerliche Herz*, Zweite Fassung (1938), in: ders., *Werke*, Band 7: Essays III, Stuttgart o.J.

Jünger, Ernst, *Sgraffiti*, Stuttgart 1960.

Jünger, Ernst, »Vermauerte Türen«, in: ders., *Sgraffiti*, Stuttgart 1960, 35.

Kafka, Franz, *Das Schloß*, Roman in der Fassung der Handschrift, hg. von Malcolm Pasley, Frankfurt a.M. 1982.

Kafka, Franz, *Reisetagebücher*, in der Fassung der Handschrift. Mit parallel geführten Aufzeichnungen von Max Brod im Anhang, Frankfurt a.M. 1994.

Kitzing, Hans Joachim, *Wir liegen in Paris*, Berlin 1941.

Kleist, Heinrich von, *Sämtliche Werke und Briefe*, hg. von Helmut Semdner, Band II, München 1965.

Koeppen, Wolfgang, *Reisen nach Frankreich* (1961), Frankfurt a.M. 1979; danach in: *Gesammelte Werke*, Frankfurt a.M. 1986, 1990, Band 4.

Koeppen, Wolfgang, *Amerikafahrt*, in: *Gesammelte Werke*, Frankfurt a.M. 1986, 1990, Band 4.

Koeppen, Wolfgang, »Schön gekämmte, frisierte Gedanken«, in: *Gesammelte Werke*, Frankfurt a.M. 1986, 1990, Band 3, 157–163.

Koeppen, Wolfgang, »An Ariel und den Tod denken. Warum ich reise«, in: *Gesammelte Werke*, Frankfurt a.M. 1986, 1990, Band 5, 279–282.

Koeppen, Wolfgang, »Paris in diesem Frühjahr« (1933), in: *Gesammelte Werke*, Frankfurt a.M. 1986, 1990, Band 5, 72–78.

Koeppen, Wolfgang, »Alfred Andersch«, in: *Gesammelte Werke*, Frankfurt a.M. 1986, 1990, Band 6, 381–396.

Koeppen, Wolfgang, »Hermann Kesten«, in: *Gesammelte Werke*, Frankfurt a.M. 1986, 1990, Band 6, 397–409.

Kolbenhoff, Walter, *Heimkehr in die Fremde*. Roman (1949), Frankfurt a.M. 1988 *

Kundera, Milan, *Verratene Vermächtnisse*. Essay, München-Wien 1994.

Lepsius, Sabine, *Ein Berliner Künstlerleben um die Jahrhundertwende. Erinnerungen*, München 1972.

Mann, Thomas, *Pariser Rechenschaft*, Berlin 1926.

Matveev, Michel, *Das Viertel der Maler* (1947), mit einem Nachwort von Rudolf von Bitter, Bonn 2016.

Maupassant, Guy de, *Die Irrfahrten des Herrn Maupassant (La vie errante,* 1909*)*, Stuttgart 1967.

Mehring, Walter, *Paris in Brand*, Berlin 1927.

Miéville, China, *Die letzten Tage von Neu-Paris*, München-Berlin 2021 [Mit Dank an Thorsten Krämer].

Miller, Henry, *Frühling in Paris. Briefe an einen Freund* (1944), Reinbek 1991.

Modersohn-Becker, Paula, *Briefe und Tagebuchblätter*, hg. v. S.D. Gallwitz, Berlin 1920.

Moretti, Franco, *Atlas des europäischen Romans. Wo die Literatur spielte* (1997), Köln 1999.

Nizon, Paul, *Das Jahr der Liebe*, Frankfurt a.M. 1981.

Nossack, Hans Erich, *Die Tagebücher 1943–1977*, Frankfurt a.M. 1997, Bd. 2.

Paris? Paris! *Bilder der französischen Metropole in der nicht-fiktionalen deutschsprachigen Prosa zwischen Hermann Bahr und Joseph Roth*, hg. von Gerhard R. Kaiser, Erika Tunner, Heidelberg 2002.

Proust, Marcel, *Tage der Freuden*, übertragen von Ernst Weiß, Berlin o.J. (1926).

Proust, Marcel, *Auf der Suche nach der verlorenen Zeit*, dt. von Eva Rechel-Mertens, Band II: *Im Schatten junger Mädchenblüte*, Frankfurt a.M. 1954.

Reichardt, Johann Friedrich, *Vertraute Briefe aus Paris 1792*, hg. von Rolf Weber, Berlin 1980.

Rilke, Rainer Maria, *Die Aufzeichnungen des Malte Laurids Brigge* (1910), mit einem Nachwort von August Stahl, Frankfurt a.M.-Leipzig 2000.

Rilke, Rainer Maria, *Briefe über Cézanne*, hg. von Clara Rilke, besorgt und mit einem Nachwort versehen von Heinrich Wiegand Petzet (1952), Frankfurt a.M. 1983.

Rilke, Rainer Maria, *Neue Gedichte. Der Neuen Gedichte anderer Teil*, Revidierte und ergänzte Ausgabe, Wiesbaden 1950.

Rothmann, Ralf, *Kratzer und andere Gedichte*, Frankfurt a.M. 1987

Sartre, Jean-Paul, *Paris unter der Besatzung. Artikel und Reportagen 1944–1945*, Reinbek 1980.

Schickele, René, *Schreie auf dem Boulevard*, Leipzig o.J.

Sereny, Gitta, *Albert Speer: Sein Ringen mit der Wahrheit* (1996), München 2001.

Sieburg, Friedrich, *Unsere schönsten Jahre. Ein Leben mit Paris*, Tübingen-Stuttgart 1950.

Sombart, Nikolaus, *Pariser Lehrjahre 1951–1954. Leçons de Sociologie*, Hamburg 1994.

Speer, Albert, *Erinnerungen*, Berlin 1969.

Stein, Gertrude, *Paris Frankreich. Persönliche Erinnerungen* (1940), Frankfurt a.M. 1975.

Steffens, Andreas, »In der Fremde«, in: ders., *Gerade genug. Essays und Miniaturen*, Wuppertal 2010.

Steffens, Andreas, »Pariser Momente«, in: ders., *Vorübergehend. Miniaturen zur Weltaufmerksamkeit*, Wuppertal 2010, 44–53.

Steffens, Andreas, *Heimat. Zwischen Selbst und Welt*, Wuppertal 2016.

Steinwachs, Gisela, *Mythologie des Surrealismus oder Die Rückverwandlung von Kultur in Natur*, Neuwied-Berlin 1971.

Stendhal, *Tagebücher und andere Selbstzeugnisse*, 2 Bde., Berlin 2.A. 1983.

Stierle, Karlheinz, *Der Mythos von Paris. Zeichen und Bewusstsein der Stadt* (1993), München 1998.

Troller, Georg Stefan, *Pariser Journal*, Hamburg 1966.

Unseld, Joachim, *Franz Kafka. Ein Schriftstellerleben. Die Geschichte seiner Veröffentlichungen*, München-Wien 1982.

Vollard, Ambroise, *Erinnerungen eines Kunsthändlers* (1937), Zürich 1957.

Weiss, Peter, »Aus dem Pariser Journal (1962)«, in: ders., *Rapporte*, Frankfurt a.M. 1968, 83–112.

Willms, Johannes, *Paris. Hauptstadt Europas 1789-1914*, München 1988.

Wimbauer, Tobias, Hg., *Ernst Jünger in Paris*, Hagen-Berchum 2011.

* Nichts gehört einem allein, auch keine Buchtitel. Während der langjährigen, immer wieder unterbrochenen und durch neue Lektürefunde angereicherten Arbeit an dieser topologischen Studie zu einem bisher wenig bemerkten Motiv der Paris Literatur, stieß ich auf Walter Kolbenhoffs 1949 in der Nymphenburger Verlagsanstalt erschienenen Roman *Heimkehr in die Fremde*, in der Neuausgabe als suhrkamp taschenbuch von 1988. Die wörtliche Übereinstimmung stellte den für das entstehende Buch gewählten Titel jedoch nur kurz

in Frage. Beide Bücher haben miteinander nichts zu tun, nicht einmal ihr Thema verbindet sie. Während Kolbenhoffs Roman von der Erfahrung eines deutschen Kriegsheimkehrers handelt, dem die verwüstete Heimat fremd geworden ist, geht es in den *Pariser Ankünften* um die umgekehrte Erfahrung, dass ein fremder Ort heimatlich erlebt werden kann. So behielt ich meinen Titel bei. Dass auf Kolbenhoffs Roman treffen mag, wer die *Ankünfte* bibliographiert, mag als ›Wiedergutmachung‹ für einen ›Diebstahl‹ gelten, der keiner ist. Und an ein vergessenes Stück Literatur verdientermaßen erinnern, das zum Verständnis der deutschen Nachkriegsgeschichte beiträgt.

## Abbildungsverzeichnis

Claudia Scheer van Erp
Fotografien

*More than ten steps*
Am Tag nach der Ankunft in Paris, Sommer 2023